¿Qué Pasa? 1

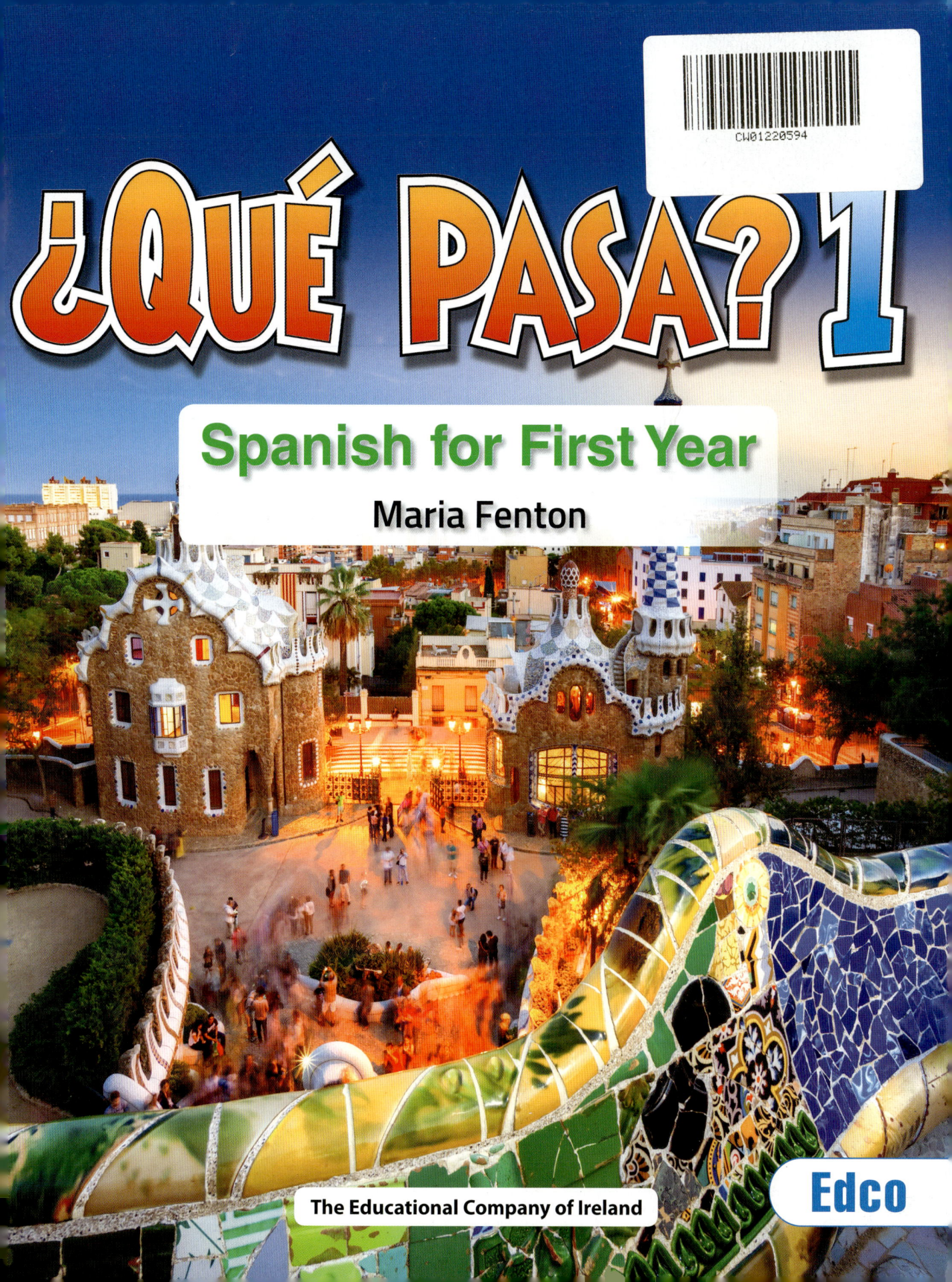

Spanish for First Year

Maria Fenton

The Educational Company of Ireland

Edco

First published 2017
The Educational Company of Ireland
Ballymount Road
Walkinstown
Dublin 12
www.edco.ie

A member of the Smurfit Kappa Group plc

© Maria Fenton, 2017

All rights reserved. No part of this publication may be reproduced, stored in a retrieval system, or transmitted in any form or by any means, electronic, mechanical, photocopying, recording or otherwise, without either the prior permission of the Publisher or a licence permitting restricted copying in Ireland issued by the Irish Copyright Licensing Agency, 63 Patrick Street, Dún Laoghaire, Co. Dublin.

ISBN 978-1-84536-738-1

The paper used in this book comes from Managed Forests in Northern Europe. For every tree felled, at least one new tree is planted.

Project editor: Dog's-ear
Editors: Delphine Phin, Jaime Veiga-Perez
Proofreaders: Delphine Phin, Naomi Laredo
Design: Philip Ryan
Layout: QBS
Cover design: Design Image
Illustrations: Beehive

Photograph acknowledgements:
Alamy, Getty, iStock, Rex, Shutterstock, Succession Picasso/DACS, Instagram/Abrahammateomus, Twitter/_MaluOficial_

While every care has been taken to trace and acknowledge copyright, the publishers tender their apologies for any accidental infringement where copyright has proved untraceable. They would be pleased to come to a suitable arrangement with the rightful owner in each case.

Web references in this book are intended as a guide for teachers. At the time of going to press, all web addresses were active and contained information relevant to the topics in this book. However, The Educational Company of Ireland and the authors do not accept responsibility for the views or information contained on these websites. Content and addresses may change beyond our control and pupils should be supervised when investigating websites.

05M20

Índice

Introducción		vi
Lista de iconos		viii
Unidad 1	**Bienvenidos – Español para todos**	**1**
Unidad 2	**¡Conoce a Joaquín!**	**21**
Unidad 3	**Uno, dos, tres**	**36**
Unidad 4	**¡Soy de España!**	**56**
Unidad 5	**¿Qué haces los sábados?**	**77**
Unidad 6	**¡Te presento a mi familia!**	**101**
Unidad 7	**¡Vamos al instituto!**	**133**
Unidad 8	**¡Así es mi casa!**	**163**
Unidad 9	**¡Es un pedazo de pan!**	**186**
Unidad 10	**¡Aprender español es coser y cantar!**	**214**

Contents

UNIT	CULTURE	VOCABULARY	GRAMMAR	LANGUAGE TASKS
1 Bienvenidos – Español para todos • Introduction to the Spanish language	• Map of the Spanish-speaking world • Introduction to Spanish-speaking countries	• The alphabet • Greetings • Classroom language • Items in schoolbag	• Indefinite articles *un/una* • Punctuation ¿…? ¡…! • Plural of nouns	• Greet someone • Carry out basic classroom interactions in Spanish • Recite the Spanish alphabet
2 ¡Conoce a Joaquín! • Meet Joaquín – a Spanish student who wants to go on an exchange visit to Ireland	• Map of Spain	• Cities in Spain	• Personal pronouns • Irregular verb *Estar* • Forming negative sentences	• Introduce yourself • Ask someone their name and ask how someone is feeling • Say how you are feeling
3 Uno, dos, tres • Joaquín exchanges his phone number	• Phone numbers in Spain • Calling Spanish-speaking countries • El Gordo	• Numbers 0–30	• The definite article • Irregular verb *Tener* • Question words	• Count to 30 • Say how old you are • Ask someone their age • Exchange phone numbers • Write a blog • Present a blog to the class
4 ¡Soy de España! • Joaquín gives details of where he is from and what country he wishes to travel to	• Hispanic celebrities • James Rodríguez • Abraham Mateo • Penélope Cruz	• The countries of Europe • Nationalities • Dictionary skills	• Irregular verb *Ser* • Adjectives of nationality	• Ask someone where they are from • Say where you are from • Read brochures for a language school and a summer camp
5 ¿Qué haces los sábados? • Joaquín plans his exchange	• Spanish festivals • Carnavales • Las Fallas de Valencia • La Feria de Abril • Los San Fermines • La Tomatina • Semana Santa	• Months of the year • Seasons • Days of the week	• –AR regular verbs • Irregular verbs *Ir* and *Hacer*	• Say what day or date it is • Say when your birthday is • Read a poem • Follow conversations about weekend activities • Make a poster • Create a digital presentation about a festival

UNIT	CULTURE	VOCABULARY	GRAMMAR	LANGUAGE TASKS
6 **¡Te presento a mi familia!** • Joaquín introduces his family	• The Spanish royal family • More Hispanic celebrities • Luis Suárez • Pedro Almódovar • Diego González Boneta • Elsa Pataky	• Family members • Numbers 31–100 • Describing people • Pets	• Agreement of adjectives • Possession with *de* • Possessive adjectives • *¿Cuánto?*	• Make a presentation about your family • Interview a classmate about their family • Carry out a class survey • Write a role play about pets • Count to 100
7 **¡Vamos al instituto!** • Joaquín describes his school and subjects	• The Spanish education system • The flags of Spanish-speaking countries • The works of Pablo Picasso	• School rooms and facilities • Subjects • Colours • Telling the time	• Demonstrative adjectives • Adjective agreement with colours	• Label items in your classroom • Read a timetable • Ask and answer questions about school and subjects • Write your timetable in Spanish
8 **¡Así es mi casa!** • Joaquín describes his house	• Typical Spanish housing • Reading and writing Spanish addresses • El Rastro	• The rooms of the house • Furniture	• –ER and –IR regular verbs • Irregular verbs *Poner* and *Coger* • Prepositions of place	• Identify the rooms of the house • Label pieces of furniture • Read advertisements for properties for sale or rent
9 **¡Es un pedazo de pan!** • Joaquín introduces us to the food he likes to eat	• Spanish food and eating habits • Traditional meals from Spanish-speaking countries • Recipes for *paella* and *tortilla*	• Food • Drinks • Meals • Shops	• *Gustar* • Phrases with *Tener*	• Say what foods you like or dislike • Ask a friend about the foods they like to eat • Follow a recipe • Design a menu • Write a shopping list • Perform a role play: shopping for food
10 **¡Aprender español es coser y cantar!** • Joaquín arranges to go to the cinema	• Pádel • Malú • Spanish songs	• Sports • Musical instruments • Film genres • Hobbies • The language of text messaging	• Irregular verbs *Salir, Venir, Ver* • Stem-changing verbs	• Make a presentation about your hobbies • Ask someone about their hobbies • Make a brochure • Listen to Spanish songs • Arrange to meet up with someone • Write a tweet

Introducción

Bienvenidos a ¿Qué pasa? 1

Welcome to *¿Qué pasa? 1,* a First Year course for new Junior Cycle Spanish. The *¿Qué pasa?* series takes a thematic approach to language learning with a variety of communicative activities and tasks which integrate the five skills of language – listening, reading, writing, spoken production and spoken interaction. *¿Qué pasa? 1* provides the foundation for you to communicate through Spanish with confidence and independence.

¿Qué pasa? 1 is accompanied by a learning diary *(Diario de aprendizaje),* which provides space for you to collect written pieces. The *Diario de aprendizaje* also provides key word lists where you can keep track of all your new vocabulary. With its focus on recording and reflection, and the use of end-of-unit tests, the *Diario de aprendizaje* allows you to monitor your progress and actively assess your language learning journey.

Each unit of *¿Qué pasa? 1* has a strong cultural focus, which introduces you to facts, customs and behaviours of the Spanish-speaking world. You will gain a realistic insight to life and culture in Spain through the main character (Joaquín), who arranges an exchange with an Irish student and shows us different features of his daily life, such as his house, his school and his hobbies and interests. You will discover the wonderfully rich culture of the Spanish-speaking world with information on food, festivals, traditions and tourist attractions.

¿Qué pasa? 1 and the accompanying digital resources – which include a FREE student website, PowerPoints, videos and more (see p. vii for details) – will equip you with the linguistic skills to communicate confidently in Spanish. Try to speak Spanish in class as much as possible; you will be amazed at how quickly you can communicate with others, even if you make a few mistakes along the way. Enjoy the experience and *¡Buena suerte!*

Digital Resources

The *¿Que Pasa? 1* digital resources will enhance classroom learning by encouraging student participation and engagement. They support the New Junior Cycle Specification's emphasis on the use of modern technology in the classroom and are designed to cater for different learning styles. To provide guidance for the integration of digital resources in the classroom and to aid lesson planning, they are **referenced throughout the textbook** using the following icons:

- **Student website – www.edco.ie/quepasa1** – with interactive grammar and language activities and quizzes
- A series of unique interview **videos** for each unit to support oral communication
- Easy-to-use, ready-made editable PowerPoints for the classroom

Teachers can access the *¿Que Pasa? 1* digital resources – which also include worksheets based on the interview videos – and the audio CD tracks in digital format via the *¿Que Pasa? 1* interactive e-book, accessible at **www.edcolearning.ie**.

The audio CD tracks are provided in digital format and integrated with the interactive e-book.

Acknowledgements

I would like to thank all at Edco for their assistance throughout the process of producing *¿Qué pasa? 1*, especially Emer Ryan, Declan Dempsey and Gearóid Gillett. Thank you to Jaime Veiga-Perez, Delphine Phin and Pilar Garrido for their advice and Úna Murray for her support and encouragement. In particular I would like to thank Emma Farrell for her invaluable help and dedication to this project. Muchas gracias to Paul and Belén Swords, Ana Cuartero Marques, Antonio Torres Somalo, Mateo Torres Somalo and Lara Sanz Fernández, who took part in the recording sessions. Thank you to the students and staff at Loreto High School Beaufort for their inspiration. Finally a special thank you to my family – Derek, Ria and Freya – for their support, patience and understanding over all the time that went into this project.

Lista de iconos

The following icons are used throughout the book to introduce different activities and indicate which language skill is being practised.

🔴	Comprensión auditiva	*Listening Exercise (Student CD)*
🟡	Comprensión auditiva	*Listening Exercise (Teacher CD)*
🟠	Expresión oral	*Spoken Production*
🟣	Interacción oral	*Spoken Interaction*
🟢	Escribir	*Writing Task*
📖	Comprensión de lectura	*Reading Comprehension*
📁	Habilidades informáticas	*Use ICT Skills*
📓	Diario de aprendizaje	*Learning Diary*
🔴	Información cultural	*Cultural Information*
💡	Aprender	*Language to Learn*
❗	Importante	*Important Information*
🎨	Ejercicio desafiante	*Challenging Exercise*

UNIDAD 1
Bienvenidos – Español para todos

By the end of this unit, you will be able to:

- Understand the importance of Spanish as a world language
- Identify the countries where Spanish is spoken
- Say the Spanish alphabet
- Name the items you need for class
- Use essential classroom language
- Greet somebody in Spanish
- Use the indefinite article *un*, *una*
- Make nouns plural

Go to **www.edco.ie/quepasa1** for interactive activities and quizzes based on this unit.

Spanish is the second most spoken language in the world (after Mandarin Chinese) and is also the second most studied language in the world (after English)!

1.1 El español en el mundo

Teacher CD Track 2

1.1 (A) ¡Palabras españolas que usamos en inglés!

You may be a beginner in Spanish, but you actually already know lots of Spanish words. Here are some words of Spanish origin that you already know because they have become part of our everyday vocabulary in English.

un mosquito

un chorizo

una fiesta

Escucha y repite. *Listen and repeat.*

salsa	mosquito	nacho
fiesta	tango	Los Angeles
patio	cafetería	San Francisco
chorizo	tortilla	

Which words sound the same as in English? Which sounds are different?

Página 1

1.1 (B) ¿Sabes más palabras en español? Trabaja en grupos de cuatro personas y escríbelas en tu diario de aprendizaje. Do you know any other Spanish words? Work in groups of four and write them in your learning diary.

Unidad 1 Bienvenidos – Español para todos

1.1 (C) Lee el texto. Español: un idioma importante en el mundo. Read the text. Spanish: an important world language.

Spanish is the second most spoken language in the world, behind Mandarin, and ahead of English, in terms of the number of native speakers. Spanish originated in Spain; however, today the vast majority of Spanish speakers live in Latin America. Spanish was brought to the Americas, as well as territories in Africa and the Philippines, through colonisation. It is truly a global language, as it is an official language on four continents. There are some differences in the Spanish spoken in Spain and the Spanish spoken in Central and South America, but the differences are not great enough to prevent understanding. It is similar to the differences between American English, British English and the English spoken in Ireland.

1.1 (D) Usa la Internet para buscar la siguiente información sobre el idioma español. Use the internet to find the following information about the importance of Spanish.

	EL ESPAÑOL EN EL MUNDO	
(a)	Estimated number of native Spanish speakers in the world	
(b)	Number of countries where Spanish is an official language	
(c)	Five countries where Spanish is an official language	
(d)	The language that Spanish evolved from	
(e)	Two international organisations in which Spanish is an official language	

1.1 (E) Día europeo de las lenguas: 26 de septiembre. Diseña un póster para promocionar el día. European Day of Languages is celebrated on 26 September each year. Design a poster promoting the day. (Include a fact or facts that you have learned about Spanish and/or any other European language of your choice.)

1.2 ¿Por qué aprender español?

Página 2

1.2 (A) ¿Por qué quieres aprender español? Why do you want to learn Spanish?

Página 2

1.2 (B) ¿Por qué aprender español? Mira el vídeo y anota tres razones en tu diario de aprendizaje. Why learn Spanish? Watch the video and note three reasons in your learning diary.

1.3 ¿Dónde se habla español?

We have already learned that Spanish is an official language in 20 countries. Apart from Spain and the former Spanish colony of Equatorial Guinea, all of these countries are in Central and South America. Spanish is also one of the official languages of the United States territory of Puerto Rico.

1.3 (A) Con la ayuda de Internet, completa los mapas con los nombres en español de los países hispanohablantes de América. Use the internet to help you to label in Spanish the maps of the Spanish-speaking countries of the Americas on pages 5 and 6.

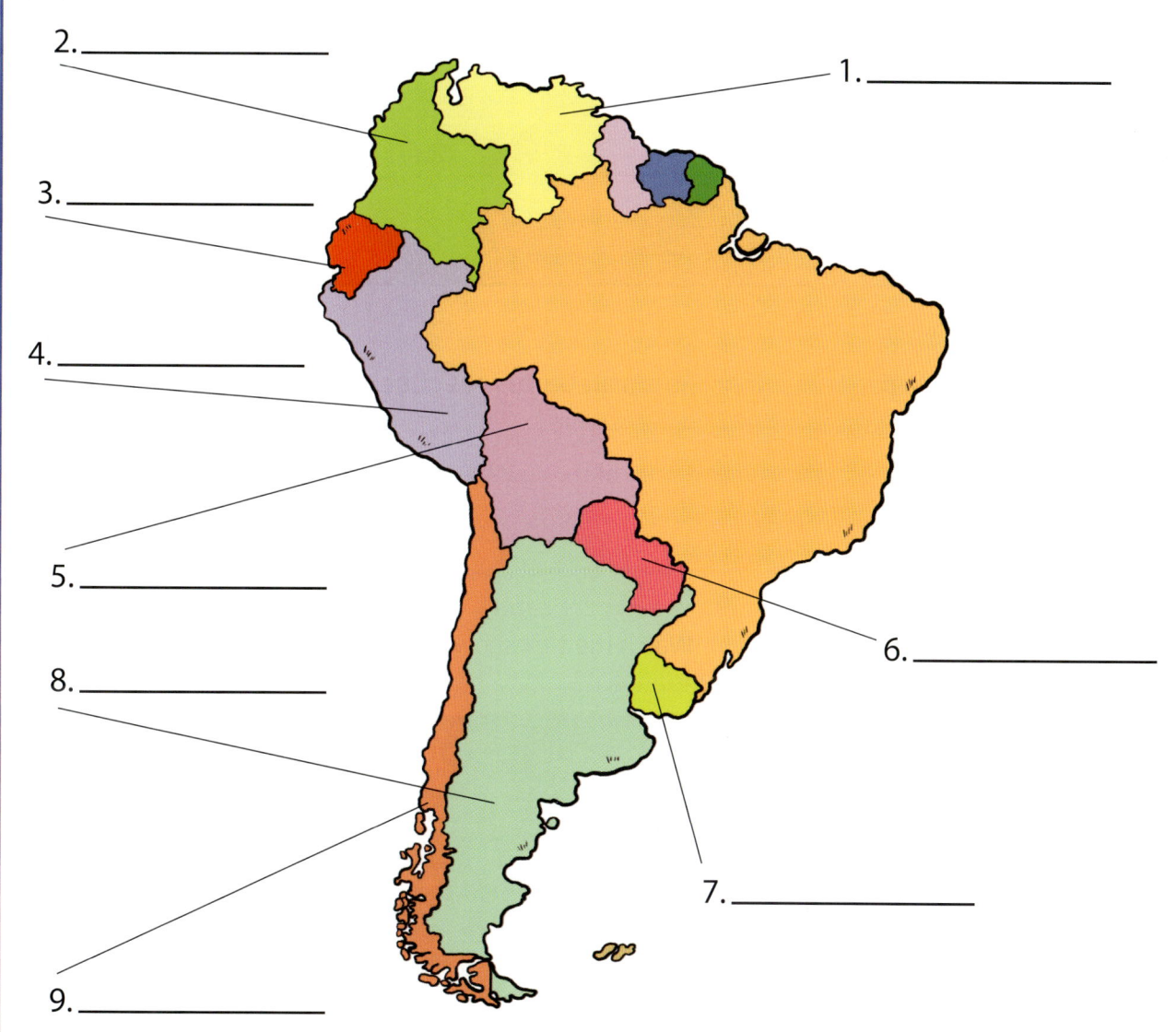

2. _____

1. _____

3. _____

4. _____

5. _____

6. _____

8. _____

7. _____

9. _____

cinco 5

¿Qué Pasa? 1

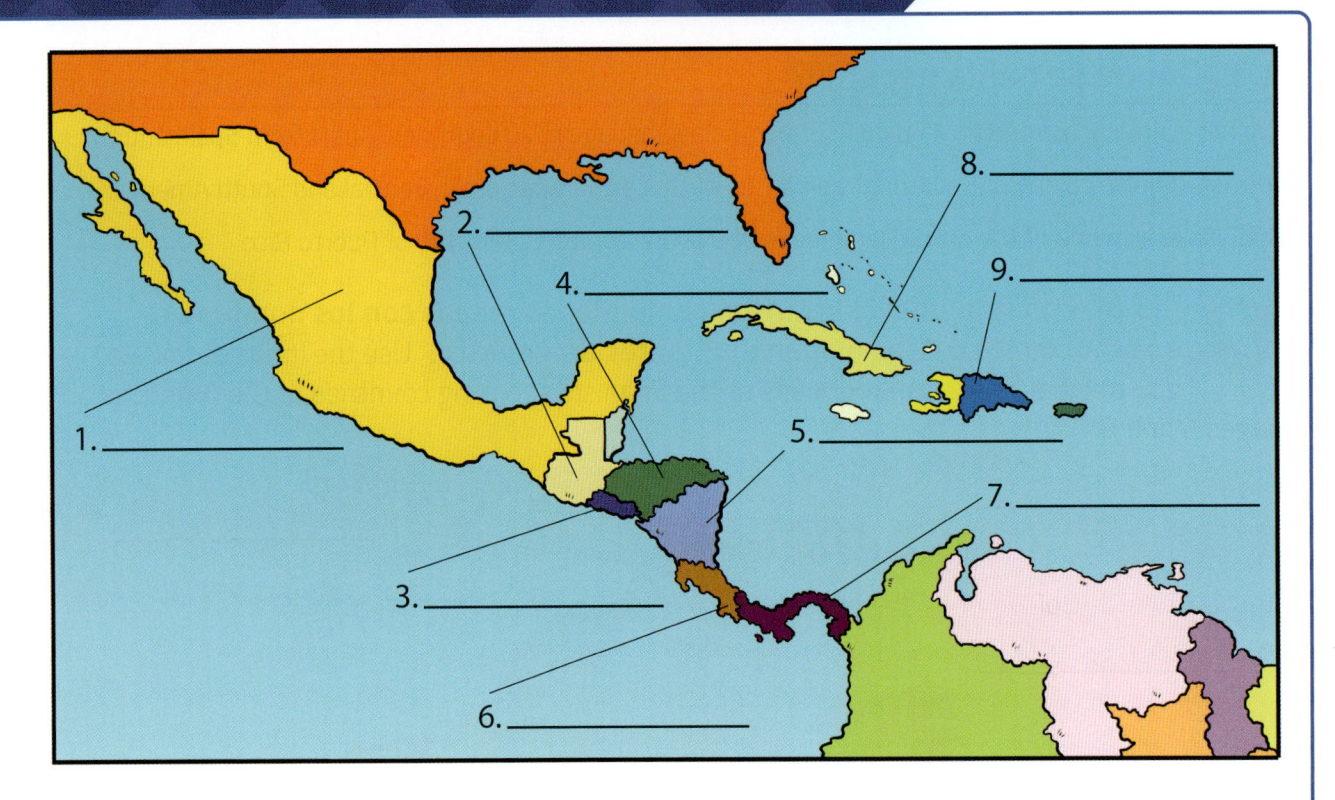

1. _____
2. _____
3. _____
4. _____
5. _____
6. _____
7. _____
8. _____
9. _____

1.3 (B) Mira la presentación y comprueba tus respuestas. Watch the slideshow for PowerPoint 1(a) and correct your answers.

Did you notice anything about the Spanish names of the countries? You might have noticed that they are almost identical to their names in English.

1.3 (C) Mira la presentación otra vez y repite los nombres de los países para practicar la pronunciación. Watch the slideshow again and repeat the names of the countries to practise your pronunciation.

6 seis

Unidad 1 Bienvenidos – Español para todos

1.3 (D) Busca las capitales de estos países en Internet y rellena los espacios en blanco. Use the internet to find the capitals of these countries and fill in the blanks.

(a) La capital de España es **Madrid**.
(b) La capital de Colombia es _____.
(c) La capital de Venezuela es _____.
(d) La capital de Argentina es _____.
(e) La capital de Perú es _____.
(f) La capital de Chile es _____.
(g) La capital de Ecuador es _____.
(h) La capital de Bolivia es _____.
(i) La capital de Paraguay es _____.
(j) La capital de Uruguay es _____.

Ahora escribe frases como las de arriba con las capitales de los siguientes países.
Now write sentences like those above with the capital cities of the following countries.

(a) México
(b) Guatemala
(c) Cuba
(d) República Dominicana
(e) Panamá
(f) Honduras
(g) El Salvador
(h) Nicaragua
(i) Costa Rica

Página 3

1.3 (E) Busca información sobre destinos turísticos de Hispanoamérica. Search for information about the tourist attractions of South America. Note your findings in your learning diary.

1.3 (F) En grupos de tres o cuatro personas investiga un país hispanohablante. In groups of three or four people, research a Spanish-speaking country. Find out about the food, climate, tourist attractions, etc. Make a poster, slideshow, booklet or webpage and present it to the class.

1.4 ¿Cómo se escribe?

1.4 (A) Pon las letras en orden y busca los países hispanohablantes en la sopa de letras. Reorder the letters and then find the Spanish-speaking countries in the word search.

Ejemplo: *écomix*   México

(a) gaparyau   P _ _ _ g _ _ y
(b) rintagane   A _ _ _ _ _ _ _ _ _
(c) boomalic   _ _ _ _ _ _ _ _ _
(d) sitarcaco   _ _ _ _ _ _   _ _ _ _
(e) leavezune   _ _ _ _ _ _ _ _ _

(f) yugurau   _ _ _ _ _ _ _ _
(g) oduarce   _ _ _ _ _ _ _
(h) amugatale   _ _ _ _ _ _ _ _ _ _
(i) acagrainu   _ _ _ _ _ _ _ _ _
(j) bovaili   _ _ _ _ _ _ _ _

P	A	R	A	G	U	A	Y	C	J	G	A	O	K	M
J	C	L	C	M	K	A	O	V	U	G	I	N	B	E
Q	W	A	W	J	U	S	C	A	Y	G	B	B	X	X
G	R	F	O	G	T	Z	T	L	T	C	M	W	U	I
F	A	N	U	A	I	E	A	G	K	N	O	U	A	C
Y	B	R	R	Y	M	J	N	U	D	R	L	K	A	O
V	U	O	G	A	A	B	J	B	L	I	O	A	C	C
E	C	B	L	E	P	L	M	F	H	A	C	F	E	O
N	V	A	X	I	N	K	C	X	X	A	S	P	R	S
E	B	O	Y	Z	V	T	L	Z	F	W	U	A	U	T
Z	W	N	S	K	M	I	I	A	C	I	R	C	E	A
U	J	R	Q	H	N	G	A	N	V	D	Y	N	Y	R
E	G	U	A	T	E	M	A	L	A	X	N	D	H	I
L	B	J	E	G	R	E	C	U	A	D	O	R	P	C
A	X	X	D	A	U	G	A	R	A	C	I	N	J	A

ocho

Unidad 1 Bienvenidos – Español para todos

Teacher CD Track 3

Escucha las respuestas. Listen to the answers.

To understand the above answers, we really need to know the Spanish alphabet. Study the alphabet below. You will notice it has 27 letters! Can you find the extra letter?

Teacher CD Track 4

1.4 (B) Escucha el abecedario y repite en voz alta. Listen to the alphabet and repeat aloud.

El abecedario

a	b	c	d	e	f	g	h	i
a	Be	ce	De	e	efe	ge	hache	i

j	k	l	m	n	ñ	o	p	q
jota	ka	ele	eme	ene	eñe	o	Pe	ku

r	s	t	u	v	w	x	y	z
erre	ese	te	u	uve	uve Doble	equis	i griega	zeta

1.4 (C) Juego: Pasar lista con el abecedario. Practise the alphabet with your roll call. One student (or teacher) calls the roll. The first student answers with the first letter of the alphabet, the second with the next letter, and so on.

nueve

Student CD Track 2

1.4 (D) ¿Cómo se escribe...? Escucha y rellena los espacios. How do you spell...? Listen and fill in the blanks.

(a) h _ _ _ _ _   (c) l _ _   (e) _ s _ _ _ b _

(b) _ _ r _   (d) _ u _ c _   (f) _ _ _ _ _ c _ a

1.5 ¡Hablamos español en clase!

¿Cómo se escribe...? *How do you spell...?* and the expressions in Section 1.4 (D) are phrases you will often hear or use in the Spanish-language classroom. Study the phrases below to help you to speak more Spanish in class.

1.5 (A) Frases para el alumno

¿Cómo se dice ... en español?	*How do you say ... in Spanish?*
¿Qué significa ...?	*What does ... mean?*
¿Puedo ir a los servicios?	*Can I go to the toilet?*
¡No entiendo!	*I don't understand!*
Necesito un boli.	*I need a pen.*
He olvidado mi cuaderno.	*I have forgotten my copy.*
Mi libro está en la taquilla.	*My book is in the locker.*
No está.	*He/she is not in.*
No he hecho los deberes.	*I haven't done my homework.*

Unidad 1 Bienvenidos – Español para todos

1.5 (B) Conecta las frases con los dibujos. Match the phrases to the pictures.

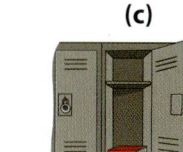

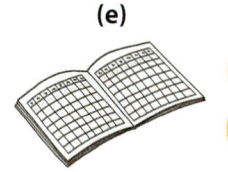

(a)　(b)　(c)　(d)　(e)　(f)

1. ¿Qué significa *hasta luego*?
2. Necesito un boli.
3. ¡No entiendo!
4. ¿Puedo ir a los servicios?
5. He olvidado mi cuaderno.
6. Mi libro está en la taquilla.

1	2	3	4	5	6
(f)					

Do you notice how, in Spanish, questions begin with ¿ and exclamations begin with ¡? ¡Qué interesante! ¿no?

1.5 (C) Frases para el profesor

Mirad la pizarra

Escuchad

Escribid

Leed

Repetid

Sentaos

Levantaos

¡Silencio!

Shh!

Trabajad en parejas

once　11

1.5 (D) ¿Quién habla? ¿Profesor/a o alumno/a? Who is speaking? Teacher or pupil? For each phrase, indicate whether it would be said by the profesor/a or the alumno/a.

(a) No entiendo.
(b) Repetid.
(c) He olvidado mi cuaderno.
(d) Mi libro está en la taquilla.
(e) Mirad la pizarra.
(f) ¿Cómo se dice … en español?
(g) Trabajad en parejas.
(h) Sentaos.
(i) ¿Puedo ir a los servicios?
(j) Escuchad.

1.5 (E) Haz un póster con una de las frases de la sección 1.5. Make a poster illustrating one of the phrases from Section 1.5. Display the posters in your classroom.

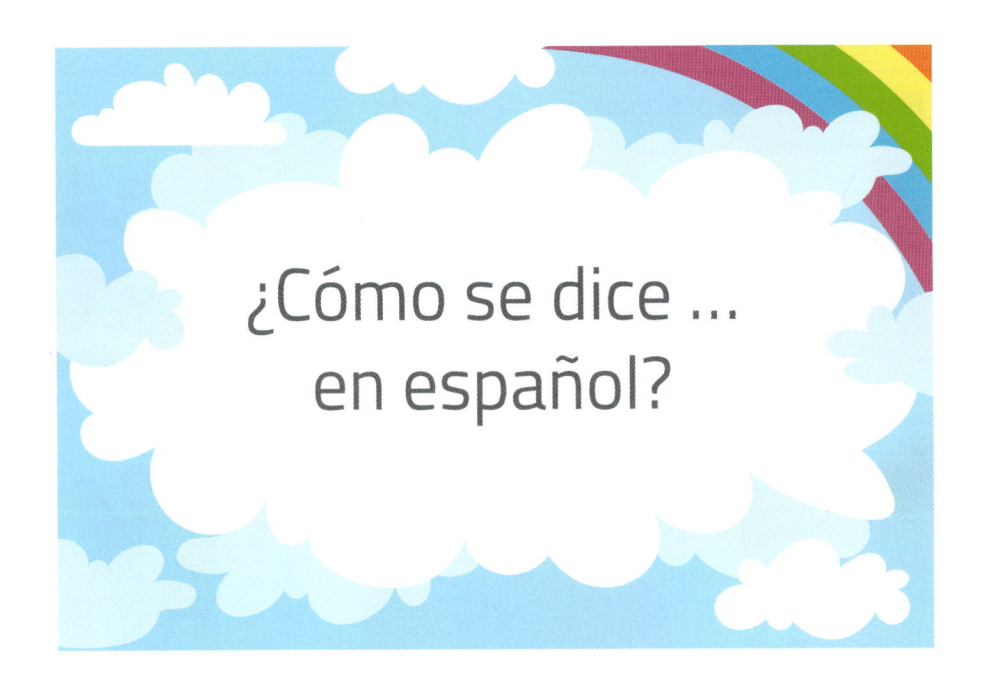

¿Cómo se dice … en español?

Unidad 1 Bienvenidos – Español para todos

1.6 Necesito...

Student CD Track 3

1.6 (A) Escucha y etiqueta los dibujos con las palabras del recuadro de abajo. Listen and label the illustrations with the words from the box below.

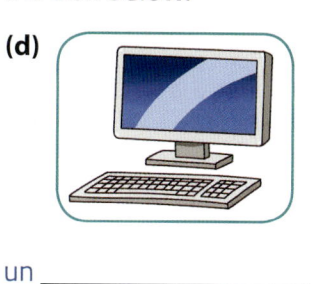

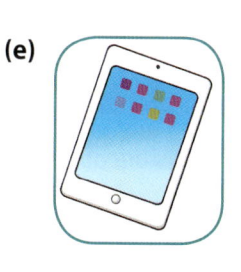

(b) un _____

(c) un _____

(d) un _____

(e) una _____

(a) un _____

Necesito...

(f) un _____

(g) un _____

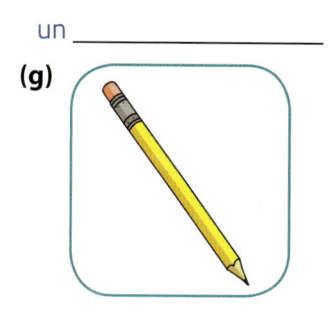

(k) un _____

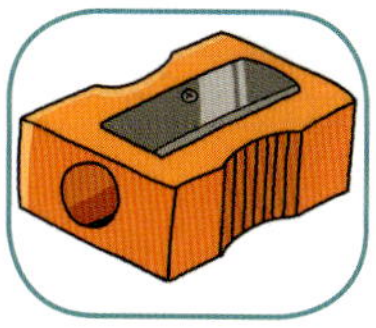

(j) una _____

(i) una _____

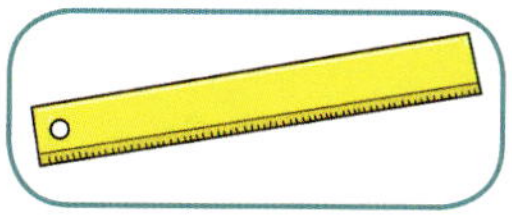

(h) una _____

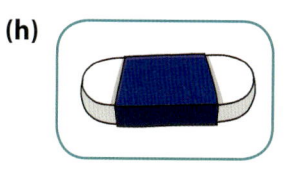

un bolígrafo	un lápiz	una tableta	un ordenador
un sacapuntas	una carpeta	una regla	una goma
un cuaderno	un libro	un diccionario	

trece

Teacher CD Track 5

1.6 (B) Escucha otra vez y repite las palabras. Listen again and repeat the words.

1.6 (C) El artículo indeterminado: *un, una, unos, unas*.

- In Section 1.6 (A) did you notice that there are two ways to say *a*?

  un libro   a book   una regla   a ruler

  This is because in Spanish all nouns are either masculine or feminine.

- What do you notice about the masculine and feminine nouns?

  _____ nouns usually end in –o or a consonant

  _____ nouns usually end in –a

- We use *un* before masculine singular nouns and *una* before feminine singular nouns

  Ejemplos: un cuaderno   un ordenador   una goma   una carpeta

- Similarly we use *unos* before masculine plural nouns and *unas* before feminine plural nouns

  Ejemplos: unos diccionarios   unos bolígrafos   unas reglas   unas tabletas

	masculine	feminine	meaning
singular	un	una	a
plural	unos	unas	some

1.6 (D) Rellena los espacios con *un/una/unos/unas*. Fill in the blanks with *un/una/unos/unas*.

(a) *un* sacapuntas   (i) _____ goma

(b) _____ gomas   (j) _____ diccionarios

(c) _____ lápiz   (k) _____ cuadernos

(d) _____ carpetas   (l) _____ tableta

(e) _____ libro   (m) _____ diccionario

(f) _____ regla   (n) _____ reglas

(g) _____ bolígrafos   (ñ) _____ bolígrafo

(h) _____ tabletas

Unidad 1 Bienvenidos – Español para todos

1.6 (E) Rellena el crucigrama.
Fill in the crossword.

Watch the slideshow for PowerPoint 1(b) on classroom materials.

HORIZONTALES

1. 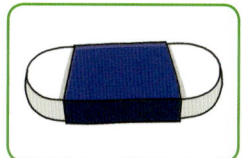
3. 
5. 
6. 
9. 
10.

VERTICALES

2. 
4. 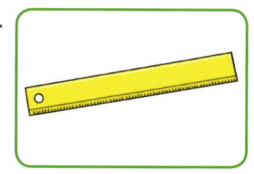
7. 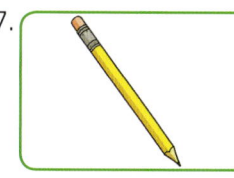
8. 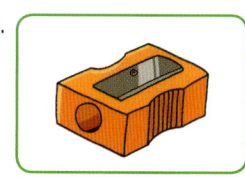
11.

quince 15

1.6 (F) PLURALES

- If a noun ends in a vowel, we simply add –s to make it plural

Ejemplo:

una carpeta   unas carpeta**s**

- If a noun already ends in –s, we don't change it to make it plural

Ejemplo:

un sacapuntas   unos sacapuntas

- If a noun ends in a consonant, we add –es to make it plural

Ejemplo:

un ordenador   unos ordenador**es**

- If a noun ends in –z, we remove the –z and add –ces to make it plural

Ejemplo:

un lápi**z**   unos lápi**ces**

Escribe el plural de las siguientes palabras. Write the plural of the following words.

- (a) una goma — unas gomas
- (b) un lápiz — _____
- (c) una regla — _____
- (d) un diccionario — _____
- (e) un ordenador — _____
- (f) una tableta — _____
- (g) un libro — _____
- (h) un bolígrafo — _____
- (i) un cuaderno — _____
- (j) un sacapuntas — _____

1.7 Conoce a Joaquín

1.7 (A) Lee el perfil de Joaquín en el sitio web de un programa de intercambio estudiantil. Read Joaquín's profile from the website of a student exchange programme.

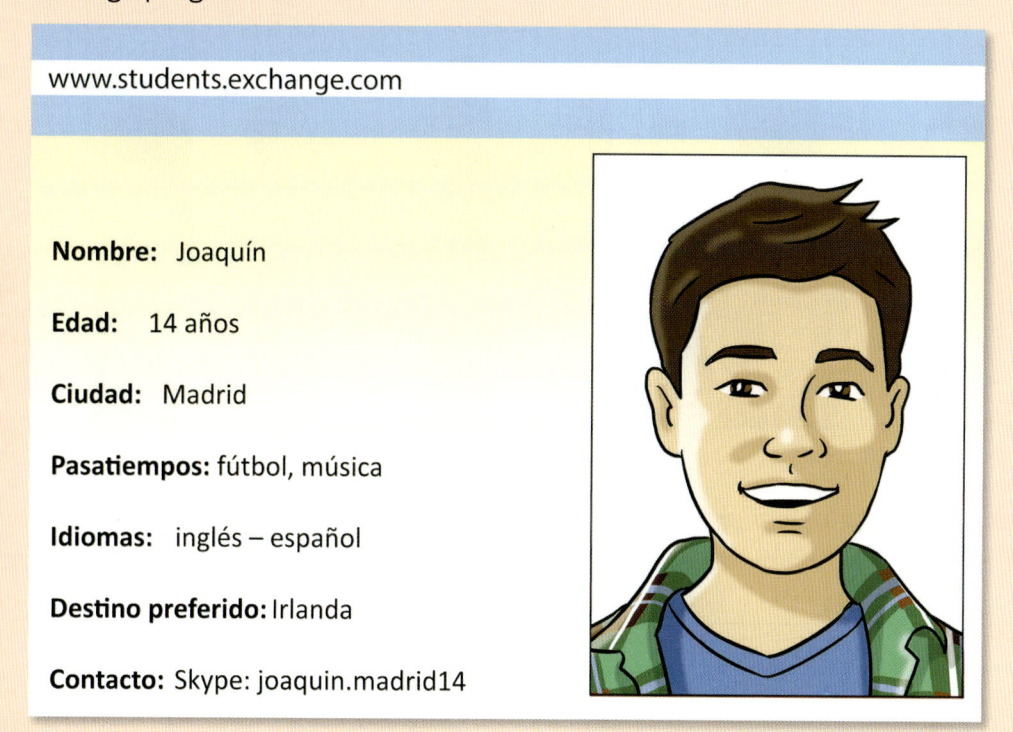

www.students.exchange.com

Nombre: Joaquín

Edad: 14 años

Ciudad: Madrid

Pasatiempos: fútbol, música

Idiomas: inglés – español

Destino preferido: Irlanda

Contacto: Skype: joaquin.madrid14

Contesta en inglés. Answer in English.

(a) What age is Joaquín?
(b) Where does he live?
(c) What are his hobbies?
(d) What languages does he speak?
(e) Where would he like to go on an exchange?
(f) Find the Spanish for name, age, hobbies and languages.

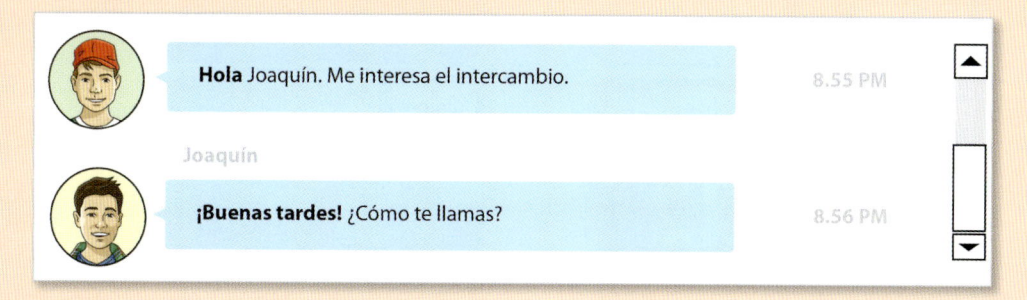

Hola Joaquín. Me interesa el intercambio.   8.55 PM

Joaquín

¡Buenas tardes! ¿Cómo te llamas?   8.56 PM

Joaquín wants to organize an exchange so Michael gets in touch. Look at how the boys greet each other. ¿Cómo se dice *hello* en español? ¿Cómo se dice *good evening*?

diecisiete 17

¿Qué Pasa? 1

Teacher CD
Track 6

1.7 (B) Escucha más saludos en los siguientes diálogos. Listen to more greetings in the following dialogues.

- Hola, Yolanda.
- Buenos días, señor González.
- Adiós, Tomás.
- Hasta mañana, Juan.
- Buenas tardes, Santiago.
- Buenas tardes, señora Bayó.
- ¡Hasta pronto!
- ¡Hasta luego! ¡Adiós!

Note the use of *señor* and *señora* (Mr and Mrs). You can use these or *señorita* (Miss) to address your teacher.

1.7 (C) Vocabulario: Saludos

- ¡Hola!
- Buenos días
- Buenas tardes
- Buenas noches
- Adiós
- Hasta luego
- Hasta pronto
- Hasta mañana

dieciocho

Unidad 1 Bienvenidos – Español para todos

Student CD Track 4

1.7 (D) Escucha y rellena los espacios con los saludos en español. Listen and fill in the blanks with the greetings in Spanish.

Ejemplo: Buenos días Susana

(a) _____ Adrián
(b) _____ Javier
(c) _____ Álvaro
(d) _____ Sara
(e) _____ Gonzalo
(f) _____ Ignacio
(g) _____ Lucía
(h) _____ Marta

1.7 (E) Saludos: ¿Cómo se dice en español? Greetings: How do we say it in Spanish? Choose the correct answer.

(a) Hello — *holá, hóla, hola, ola*
(b) See you soon — *hasta pronto, hasta mañana, adiós, hasta luego*
(c) Good morning — *buenas tardes, buenas noches, buenas días, buenos días*
(d) Goodbye — *ádios, adiós, adíos, hola*
(e) Good evening — *buenos tardes, buenos días, buenas noches, buenas tardes*
(f) See you tomorrow — *hasta pronto, hasta mañana, adios, hasta luego*

deicinueve 19

Unidad 1 ¡Ponte a prueba!

Página 6

Watch the video for Unidad 1.

Ordena tus conocimientos de la unidad 1 y ponte a prueba en tu diario de aprendizaje. In your learning diary, sort your learning from Unit 1 and test yourself to see what you have learned.

¿Qué he aprendido en la unidad 1?

	🙂	😐	☹️
I know where Spanish is spoken in the world			
I can use the Spanish alphabet to spell words I know			
I understand and can use basic classroom language			
I can name the items I need for class			
I can greet somebody and say goodbye			
I can make nouns plural			

veinte

UNIDAD 2

¡Conoce a Joaquín!

By the end of this unit, you will be able to:

- Ask someone their name and tell them your name
- Say how you are feeling and ask how someone is feeling
- Perform a role play in Spanish with a classmate
- Recognise common Spanish first names
- Identify the largest cities in Spain
- Write a role play
- Use personal pronouns and the verb ESTAR
- Form negative sentences

Go to **www.edco.ie/quepasa1** for interactive activities and quizzes based on this unit.

Did you know that Madrid is the highest capital city in the EU? It lies at 650 metres above sea level!

veintiuno **21**

2.1 Me llamo Joaquín

> Hola, Joaquín. Me interesa el intercambio.
>
> ¡Buenas tardes! ¿Cómo te llamas?

> Me llamo Michael Ryan.
>
> ¡Mucho gusto! Me llamo Joaquín García Fernández.

El chat entre Joaquín y Michael continúa...

¿Qué significa ¿*Cómo te llamas?* ¿Qué significa *me llamo*?

¿Cómo se dice *nice to meet you*?

Teacher CD Track 7

2.1 (A) ¿Cómo te llamas? Escucha y lee los diálogos. Listen and read the following dialogues.

(a)
– ¿Cómo te llamas?
– Me llamo Daniela ¿y tú?
– Me llamo Irene.

(b)
– ¿Cómo te llamas?
– Me llamo Jorge ¿y tú?
– Me llamo Manuel.

(c)
– Hola. ¿Cómo te llamas?
– Me llamo Iván ¿y tú?
– Me llamo Laura.

(d)
– Buenos días. ¿Cómo te llamas?
– Me llamo Lucía ¿y tú?
– Me llamo Rubén.

Unidad 2 ¡Conoce a Joaquín!

2.1 (B) Practica con tu compañero/a. ¿Cómo te llamas? Work in pairs. Ask your partner their name and tell them your name.

Joaquín es un nombre típico español. En los diálogos anteriores aparecen más nombres típicos españoles: Jorge, Rubén, Daniela, Lucía.

Teacher CD
Track 8

2.1 (C) Escucha y repite los nombres típicos españoles. ¿Cuáles son parecidos a nombres que ya conoces? Listen and repeat the typical Spanish names. Which ones are similar to names you already know?

Adrián	Antonio	David	Ignacio	Javier	Manuel	Santiago
Alejandro	Carlos	Enrique	Iván	Jorge	Pablo	Sergio
Álvaro	Daniel	Gonzalo	Jaime	Juan	Rubén	Tomás

Alejandra	Blanca	Daniela	Isabel	Lucía	Nerea	Rocío
Alba	Carmen	Elena	Julia	María	Paula	Sara
Ana	Cristina	Irene	Laura	Marta	Pilar	Yolanda

2.1 (D) Los apellidos españoles. Spanish surnames.

Me llamo Joaquín García Fernández. Garciá y Fernández son mis apellidos. Los españoles tienen dos apellidos. Uno del padre y el segundo de la madre.

When a Spanish child is born, they take two surnames: their father's first surname and their mother's first surname. Joaquín's parents are Miguel García Cruz and Ana Fernández Reyes. Joaquín takes García from his father and Fernández from his mother to make his complete name, Joaquín García Fernández.

veintitrés 23

2.2 ¿Cómo se escribe tu nombre?

Teacher CD
Track 9

2.2 (A) ¿Cómo se escribe tu nombre? Escucha y lee las conversaciones.
How do you spell your name? Listen and read the conversations.

(a)
– ¿Cómo se escribe tu nombre Joaquín?
– Se escribe J-O-A-Q-U-Í-N.

(b)
– ¿Cómo se escribe tu nombre?
– Se escribe A-L-E-J-A-N-D-R-A.

(c)
– ¿Cómo se escribe tu nombre?
– Se escribe I-R-E-N-E.

(d)
– ¿Cómo se escribe tu nombre?
– Se escribe J-O-R-G-E.

2.2 (B) Practica con tu compañero/a. ¿Cómo se escribe tu nombre?
Work in pairs. Ask your partner to spell his/her name.

Student CD
Track 5

2.2 (C) ¿Cómo se escribe tu nombre? Escucha y escribe los nombres en tu cuaderno.
How do you spell your name? Listen and spell the names in your copy.

2.2 (D) Pon los diálogos en el orden correcto y escríbelos en tu cuaderno.
Put the dialogues in the correct order and write them in your copy.

(a)
- Me llamo Pilar ¿y tú?
- Buenos días.
- Se escribe P-I-L-A-R.
- ¿Cómo te llamas?
- Buenos días.
- Me llamo Jorge. ¿Cómo se escribe tu nombre?

(b)
- Buenas tardes.
- Se escribe I-G-N-A-C-I-O.
- ¿Cómo te llamas?
- Buenas tardes.
- Me llamo Yolanda. ¿Cómo se escribe tu nombre?
- Me llamo Ignacio ¿y tú?

Unidad 2 ¡Conoce a Joaquín!

🎧 Teacher CD Track 10 **Escucha y verifica tus respuestas.** Listen and check your answers.

✏️ **2.2 (E) Escribe un diálogo como los de la página veinticuatro con tu compañero/a.** Write a dialogue similar to the ones on page 24 with your partner. Include greetings, your names and spellings.

💬 **2.2 (F) Practica tu diálogo con tu compañero/a.** Practise your dialogue with your partner.

2.3 ¿Cómo estás?

El chat entre Joaquín y Michael continúa...

- ¡Mucho gusto! Me llamo Joaquín García Fernández.
- ¿Cómo estás?
- Estoy bien gracias. ¿Y tú?
- Fenomenal.

🎧 Teacher CD Track 11

2.3 (A) ¿Cómo estás? Escucha los diálogos. How are you? Listen to the dialogues.

- Hola, Pilar. ¿Cómo estás?
- Estoy muy bien ¿y tú?
- ¿Cómo estás, Jaime?
- Fenomenal ¿y tú?
- Hola, Enrique, ¿cómo estás?
- Regular.
- ¿Qué tal, María?
- Mal ¿y tú?

veinticinco

2.3 (B) Vocabulario: ¿Cómo estás? ¿Qué tal?

Estoy…

fenomenal	regular	muy mal
genial		fatal
muy bien		
bien		

2.3 (C) Practica con tu compañero/a. ¿Qué tal? o ¿Cómo estás? Practise with your partner. How are you?

Student CD
Track 6

2.3 (D) ¿Cómo te llamas? ¿Qué tal? Escucha las conversaciones y rellena el cuadro.
Listen to the conversations and fill in the table.

	¿Cómo se llama?	¿Cómo estás?
(a)	Marta	Muy bien
(b)		
(c)		
(d)		
(e)		
(f)		
(g)		
(h)		
(i)		
(j)		

Unidad 2 ¡Conoce a Joaquín!

2.3 (E) Pon las palabras en orden y búscalas en la sopa de letras.
Unscramble the vocabulary from Section 2.3 (B) and find the words in the word search.

Ejemplo ¿stócemosa? ¿cómo estás?

(a) inaleg   g __ n __ __ l

(b) nibe   b __ __ __

(c) guraler   r __ __ __ __ __ __

(d) lataf   __ __ __ __ __

(e) lumyam   __ __ __   __ __ __

(f) ennelamof   __ __ __ __ __ __ __ __ __

(g) ¿uqélat?   ¿__ __ __   __ __ __?

L	L	D	D	Z	M	M	M	S	R	X	N	O	O	F
K	U	A	L	B	U	P	Á	D	E	V	R	O	P	X
N	Z	P	T	Y	J	T	C	R	G	R	Y	C	V	E
O	M	X	M	A	S	D	H	P	U	Y	D	I	J	P
P	F	A	J	E	F	B	L	Q	L	A	B	T	Y	L
M	L	E	O	D	K	K	B	M	A	K	V	S	A	T
O	T	M	N	B	U	D	D	X	R	M	H	I	Y	W
V	Ó	A	W	O	L	A	T	É	U	Q	N	T	E	A
C	H	Y	U	B	M	K	Y	Y	N	E	V	N	P	B
Z	D	B	Q	O	P	E	J	X	G	H	G	A	N	P
K	L	C	H	T	H	I	N	O	G	D	A	F	E	C
G	E	N	I	A	L	B	W	A	Y	D	G	F	I	D
A	M	I	R	Z	F	M	H	C	L	I	Z	Q	B	P
E	S	Q	U	P	E	J	D	O	H	D	L	W	V	N
J	A	U	P	S	M	B	I	D	S	B	H	L	Q	H

2.3 (F) Completa el cuadro con la información de tus compañeros de clase. ¿Cómo te llamas? ¿Cómo estás?
Ask five classmates the questions ¿Cómo te llamas? and ¿Cómo estás? and fill in the table.

	¿Cómo te llamas?	¿Cómo estás?
1		
2		
3		
4		
5		

veintisiete

2.4 ¿Y tú?

2.4 (A) Los pronombres personales

In the instant message chat on page 25, Joaquín asks ¿y tú? Tú is what is known as a personal pronoun. The table below lists the personal pronouns.

LOS PRONOMBRES PERSONALES	
I	yo
you (talking to one person)	tú
he / she	él / ella
we	nosotros / nosotras
you (plural – talking to a group of people)	vosotros / vosotras
they	ellos / ellas

- *Tú* (meaning you) is used to refer to one person, *vosotros* or *vosotras* (meaning you) are used to refer to groups of people. Use *vosotros* to refer to a group of males or a mixed male and female group. Use *vosotras* to refer to a group of females only.

- Note: We can say *we* and *they* in two different ways. The –os ending (*nosotros*, *ellos*) is used with groups of males or mixed groups. The –as ending (*nosotras*, *ellas*) is used for females only.

2.4 (B) ¿Tú, vosotros o vosotras?
Choose the correct form of *you* for the following people.

(a)    (b)    (c)    (d)    (e)

Unidad 2 ¡Conoce a Joaquín!

2.5 Estoy bien

2.5 (A) ESTAR

In the instant message chat on page 25, Michael asks the question *¿Cómo estás?* and Joaquín replies *Estoy bien*. Both question and response use the verb ESTAR, meaning *to be*.

ESTAR *(to be)*		
yo	estoy	*I am*
tú	estás	*you are*
él / ella	está	*he is / she is / it is*
nosotros / nosotras	estamos	*we are*
vosotros / vosotras	estáis	*you (plural) are*
ellos / ellas	están	*they are*

- ESTAR is used to describe how someone is feeling or where someone is. To help you to remember, think of this rhyme: *How you feel and where you are, always use the verb ESTAR!*
- Ejemplos:
    - Susana <u>está</u> en Madrid.   *Susana is in Madrid.*
    - <u>Estoy</u> muy bien.   *I am very well.*
    - María no <u>está</u> hoy.   *María is absent today.*
- Subject pronouns are often omitted in Spanish.
- Ejemplo:
    - <u>Estamos</u> enfermos.   *We are ill.*

ESTAR is an example of an irregular verb because it follows no particular pattern. As you continue to learn Spanish, you will come across many more irregular verbs. Make a note of them on page 14 of your learning diary.

Página 14

Completa el verbo ESTAR en tu diario de aprendizaje. Now fill in the verb ESTAR in your learning diary.

veintinueve

2.5 (B) Rellena los espacios con la forma correcta del verbo *estar*. Fill in the blanks with the correct form of the verb *estar*.

(a) Ignacio _____ en Barcelona.
(b) Nosotros _____ en Jaén.
(c) Yo _____ muy mal.
(d) Ellos no _____ en Sevilla.
(e) ¿Vosotros _____ bien?
(f) Tú _____ en Salamanca.
(g) Ella _____ mal.
(h) Yo no _____ muy bien.
(i) Ellas _____ en Buenos Aires.
(j) ¿Tú _____ bien?

2.6 Frases negativas

2.6 (A) Cómo escribir una frase negativa

In Section 2.5 (B), sentences (d) and (h) are examples of negative sentences.

- Ellos no están en Sevilla.   *They are not in Seville.*
- Yo no estoy muy bien.   *I'm not very well.*

Look at these further examples and try to figure out how to make a sentence negative in Spanish.

- Estoy bien.   *I am well.*
- No estoy bien.   *I am not well.*

- Estamos en Granada.   *We are in Granada.*
- No estamos en Granada.   *We are not in Granada.*

Did you figure it out? To make a sentence negative, we place _____ before the _____.

2.6 (B) Escribe las frases en la forma negativa. Rewrite the sentences in the negative form.

(a) Javier está en Madrid. _____
(b) Ana y Lucía están en Bilbao. _____
(c) Mi libro está en la taquilla. _____
(d) Yo estoy muy mal hoy. _____
(e) ¿Estás bien? _____

2.7 Las ciudades de España

Vivo en Madrid

Joaquín tells us that he lives in Madrid. But do you know exactly where Madrid and other major Spanish cities are?

2.7 (A) ¿Dónde están las ciudades? Busca en Internet y rellena el mapa. Where are the cities? Search online and fill in the map below.

A Coruña	Córdoba	Oviedo	Valladolid
Alicante	Granada	Palma	Valencia
Barcelona	Madrid	San Sebastián	Vigo
Bilbao	Málaga	Sevilla	Vitoria
Cádiz	Murcia	Toledo	Zaragoza

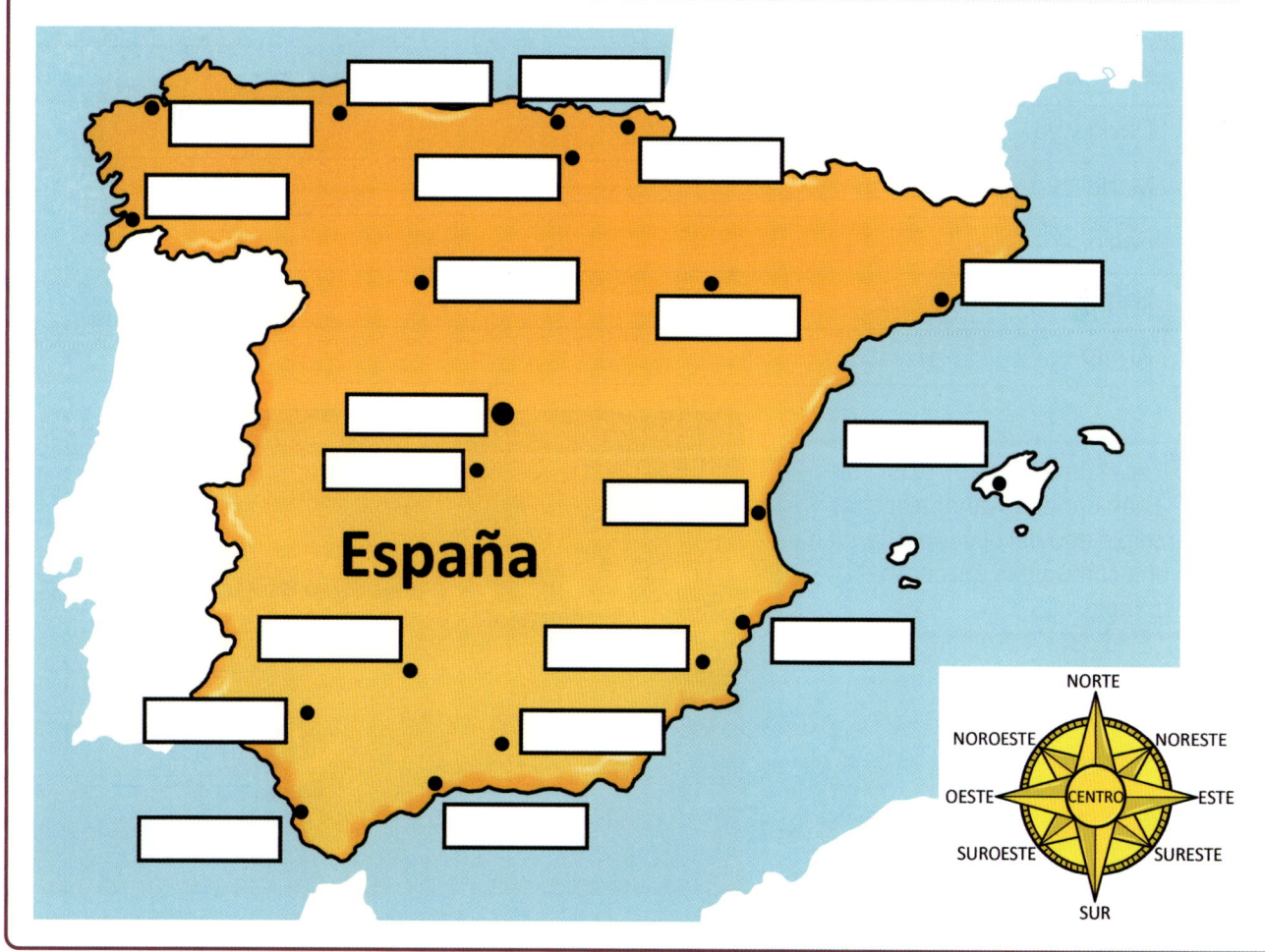

treinta y uno 31

¿Qué Pasa? 1

Teacher CD Track 12

2.7 (B) Escucha y repite los nombres de las ciudades. Listen and repeat the names of the cities.

Student CD Track 7

2.7 (C) ¿Dónde están? Escucha y escribe la ciudad. Where are they? Listen and write the name of the city.

	Nombre	Ciudad
(a)	Alba	*Alicante*
(b)	Daniel y yo	
(c)	Cristina	
(d)	Sergio y Carmen	
(e)	Ana	
(f)	David y yo	
(g)	Marta	
(h)	Pablo	
(i)	Sara y Alejandro	
(j)	Álvaro	

Las Palmas está en la isla de Gran Canaria. Canarias es un archipiélago del océano Atlántico y una comunidad autónoma española.

treinta y dos

Unidad 2 ¡Conoce a Joaquín!

2.7 (D) Rellena los espacios con las palabras en la caja. Fill in the blanks with the words in the box.

| Barcelona | sur | noroeste | Murcia | este | Sevilla | norte |

Ejemplo: *Madrid está en el centro de España.*

(a) Bilbao está en el _____ de España.
(b) Málaga está en el _____ de España.
(c) Valencia está en el _____ de España.
(d) Vigo está en el _____ de España.
(e) _____ está en el sureste de España.
(f) _____ está en el noreste de España.
(g) _____ está en el suroeste de España.

Página 10

2.7 (E) Búsqueda de información: Las ciudades de España y sus monumentos famosos. Investigation: The cities of Spain and their famous monuments.

Mira la presentación. Watch the slideshow for PowerPoint 2 and look at the cities of Spain and their famous monuments.

Página 12

2.7 (F) Investiga una ciudad española. Research a Spanish city.

2.8 ¡Practicamos!

2.8 (A) Rellena los espacios con la forma correcta del verbo *estar*. Fill in the blanks with the correct form of the verb *estar*.

(a) Nosotros *estamos* en Valladolid.
(b) Yo _____ en Madrid.
(c) ¿Vosotros _____ bien?
(d) Enrique y Carmen _____ muy bien.
(e) ¿Tú _____ en Granada?
(f) Ella _____ mal hoy.
(g) Ellos _____ en Zaragoza.
(h) Nosotros _____ mal.
(i) Yo _____ en Toledo.
(j) ¿Tú _____ bien?

Escribe las frases de arriba en la forma negativa. Write the above sentences in the negative form.

Ejemplo: (a) Nosotros *no* estamos en Valladolid.

treinta y tres 33

¿Qué Pasa? 1

See page 13 — Student CD Track 8

2.8 (B) Escucha los diálogos. Pónlos en orden y escríbelos en tu diario de aprendizaje.
Listen to the dialogues. Put them in order and write them in your learning diary.

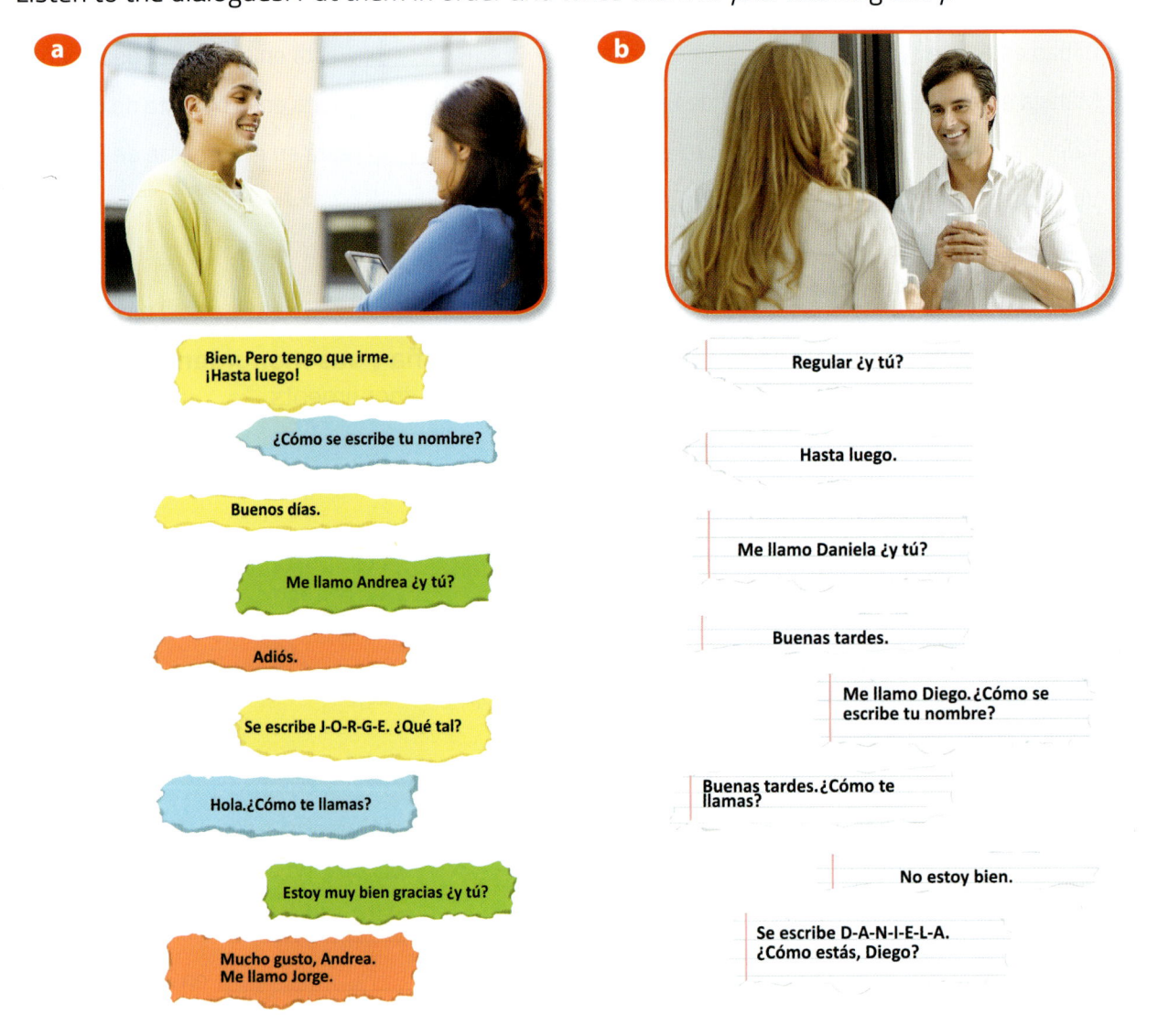

a

- Bien. Pero tengo que irme. ¡Hasta luego!
- ¿Cómo se escribe tu nombre?
- Buenos días.
- Me llamo Andrea ¿y tú?
- Adiós.
- Se escribe J-O-R-G-E. ¿Qué tal?
- Hola. ¿Cómo te llamas?
- Estoy muy bien gracias ¿y tú?
- Mucho gusto, Andrea. Me llamo Jorge.

b

- Regular ¿y tú?
- Hasta luego.
- Me llamo Daniela ¿y tú?
- Buenas tardes.
- Me llamo Diego. ¿Cómo se escribe tu nombre?
- Buenas tardes. ¿Cómo te llamas?
- No estoy bien.
- Se escribe D-A-N-I-E-L-A. ¿Cómo estás, Diego?

2.8 (C) En parejas y en vuestro cuaderno, escribid un diálogo como los del ejercicio anterior.
In pairs, write a role play in your copies, similar to the ones in the above exercise. Include a greeting, your names and how you are feeling.

2.8 (D) Practica tu diálogo con tu compañero/a.
Practise your role play with your partner.

34 treinta y cuatro

Unidad 2 ¡Ponte a prueba!

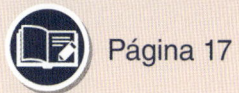

Página 17

Watch the video for Unidad 2.

Ordena tus conocimientos de la unidad 2 y ponte a prueba en tu diario de aprendizaje.
In your learning diary, sort your learning from Unit 2 and test yourself to see what you have learned.

¿Qué he aprendido en la unidad 2?

	🙂	😐	☹️
I can ask someone their name			
I can tell someone what my name is			
I recognise a number of common Spanish names			
I can ask someone how they are feeling			
I can say how I am feeling			
I understand the personal pronouns			
I can use the verb ESTAR			
I know how to make sentences negative			
I can identify the cities of Spain			
I can write and perform a short role play			

treinta y cinco

UNIDAD 3

Uno, dos, tres

By the end of this unit, you will be able to:

- Ask someone their age and tell them your age
- Ask for a phone number and give your number
- Write a blog
- Count to 30
- Present your blog to the class
- Recognise Spanish phone numbers and area codes
- Recognise question words
- Use the definite article (*the*) and the verb TENER

Go to **www.edco.ie/quepasa1** for interactive activities and quizzes based on this unit.

Did you know that the Christmas lottery in Spain (known as *El Gordo*) is the biggest lottery in the world? It is also the second-longest-running lottery in the world!

36 treinta y seis

Unidad 3 Uno, dos, tres

3.1 El blog de Joaquín

El chateo entre Joaquín y Michael continúa...

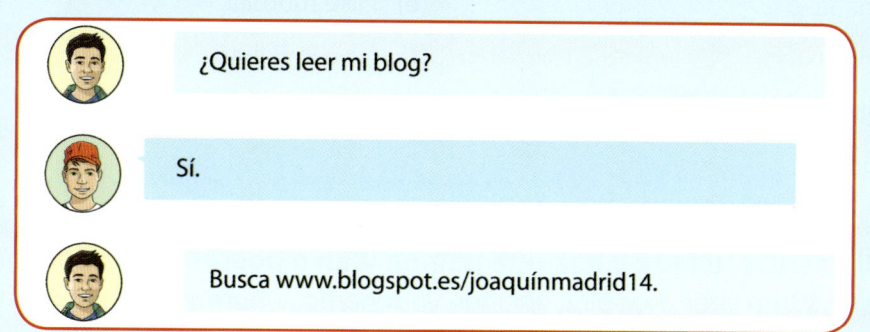

¿Quieres leer mi blog?

Sí.

Busca www.blogspot.es/joaquínmadrid14.

3.1 (A) Lee el blog de Joaquín. Read Joaquín's blog.

www.blogspot.es/joaquínmadrid14

¡Hola! Me llamo Joaquín. Vivo en Madrid. Hablo inglés y español. Me gusta el fútbol.
Mi equipo favorito es el Real Madrid. También me gusta la música. Mis grupos favoritos son Coldplay y Estopa.

¿Cómo se dice...? Busca las siguientes frases en el blog de Joaquín. Find the following phrases in Joaquín's blog.

(a) I live in ...

(b) I speak ...

(c) I like ...

(d) My favourite team is ...

(e) My favourite groups are ...

3.1 (B) Lee los blogs y contesta a las preguntas en inglés. Read the blogs and answer the questions in English.

¡Hola! Me llamo Juan. Vivo en Alicante. Me gusta la música y me encanta el rugby. Hablo inglés y español.

¡Hola! Me llamo Ana. Vivo en la ciudad de Barcelona en el este de España. Tengo trece años. Me gusta el tenis.

¡Hola! Me llamo Jorge. Vivo en Vigo. Tengo quince años. Me gusta tocar el piano.

¡Hola! Me llamo Susana. Vivo en Valladolid. Hablo inglés, francés y español. Me gusta ver la televisión.

(a) Who lives in Barcelona? _____

(b) Who plays the piano? _____

(c) What are Juan's pastimes? _____

(d) Where does Susana live? _____

(e) Who likes to play tennis? _____

(f) Who lives in Alicante? _____

(g) Who likes to watch TV? _____

(h) Where does Jorge live? _____

treinta y siete

¿Qué Pasa? 1

3.1 (C) ¿Cómo se dice en español? Escribe las frases en español en tu cuaderno con la ayuda de los blogs. Write the phrases in Spanish with the help of the blogs.

(a) I live in Granada.
(b) I like music.
(c) I speak English and Spanish.
(d) I like watching TV.
(e) I like football.
(f) I live in Bilbao.
(g) I like playing the piano.

3.1 (D) Escribe tu blog y haz una página web o póster con todos los blogs de la clase. Write your own blog (include your name, where you live and what you like to do). Make a class webpage or poster of your blogs.

3.1 (E) Presenta tu blog. Present your blog to the class.

Student CD
Track 9

3.1 (F) Escucha y rellena los espacios con la palabra adecuada. Listen and fill in the blanks.

(a) **Cristina:** Hola. ¿Cómo te _____?

   Daniel: _____ llamo Daniel. ¿Y _____?

   Cristina: Me _____ Cristina. ¿_____ tal?

   Daniel: Muy _____. ¿Y tú?

   Cristina: _____. Vivo en _____ ¿y tú?

   Daniel: _____ en Málaga.

(b) **Pilar:** Buenos _____.

   Ignacio: _____ días.

   Pilar: ¿_____ te llamas?

   Ignacio: Me _____ Ignacio. ¿Cómo _____ llamas?

   Pilar: _____ llamo Pilar. ¿Cómo _____?

   Ignacio: _____. ¿_____ tú?

   Pilar: _____ bien. Vivo en _____ ¿y tú?

   Ignacio: _____ en Madrid.

38   treinta y ocho

(c) _____ tardes.

Me llamo _____.

Vivo en _____.

Me gusta la _____

y me gusta _____ la televisión.

(d) ¡Hola! Me _____ David.

_____ en Barcelona.

Me _____ el fútbol.

(e) Buenos _____.

_____ llamo _____.

Vivo _____ Granada.

_____ gusta el _____ y me

encanta tocar el _____.

3.1 (G) Lee los textos de arriba otra vez y elige la respuesta correcta. Read the texts above again and choose the correct answer.

(a) ¿Dónde vive Cristina?

Cristina vive en *Murcia / (Palma) / Valencia*.

(b) ¿Qué le gusta a Alba?

A Alba le gusta *el tenis / el fútbol / la música*.

(c) ¿Dónde vive Pilar?

Pilar vive en *Valencia / Madrid / Barcelona*.

(d) ¿Cómo está Ignacio?

Ignacio está *muy mal / regular / fenomenal*.

(e) ¿Dónde vive Alba?

Alba vive en *Málaga / Murcia / Madrid*.

(f) ¿Quién vive en Granada?

Andrea / Alba / Daniel vive en Granada.

(g) ¿Cómo está Daniel?

Daniel está *mal / regular / muy bien*.

(h) ¿Quién vive en Málaga?

Daniel / Ignacio / Alba vive en Málaga.

(i) ¿Cuáles son los pasatiempos de Andrea?

Sus pasatiempos son *el fútbol y ver la televisión / el tenis y tocar el piano / el hockey y la música*.

3.2 Los interrogativos

3.2 (A) Los interrogativos

¿Cómo se dicen en inglés los siguientes interrogativos? What is the meaning of the following question words? (Look back at exercise 3.1 (G).)

¿Dónde? _____

¿Qué? _____

¿Cómo? _____

¿Quién? _____

Ahora busca los siguientes en el diccionario. Now look for these question words in your dictionary.

¿Por qué? _____

¿Cuándo? _____

¿Cuál? _____

¿Cuánto? _____

3.2 (B) Rellena los espacios con los interrogativos. Fill in the blanks with question words.

(a) ¿_____ vives? Vivo en Madrid.

(b) ¿_____ estás? Estoy muy bien.

(c) ¿_____ significa *un cuaderno*? Significa *a copy*.

(d) ¿_____ cuesta el libro? El libro cuesta 15€.

(e) ¿_____ vive en Málaga? David.

(f) ¿_____ estás? Estoy en Barcelona.

3.3 Los artículos definidos

3.3 (A) El artículo definido: *el, la, los, las*

- In section 3.1 (B) we saw **el** *piano* (**the** piano), **la** *televisión* (**the** television), **los** *blogs* (**the** blogs) and **las** *frases* (**the** sentences). So we know there are different ways to say *the* in Spanish. There are four ways to say *the*, depending on whether the noun is masculine or feminine, and singular or plural.
- We use **el** before masculine singular nouns and **la** before feminine singular nouns.
  Ejemplos: **el** piano   **el** libro   **la** televisión   **la** música
- Similarly, we use **los** before masculine plural nouns and **las** before feminine plural nouns.
  Ejemplos: **los** textos **los** bolígrafos **las** gomas   **las** preguntas

the	masculine	feminine
singular	*el*	*la*
plural	*los*	*las*

3.3 (B) Rellena los espacios con *el / la / los / las*. Fill in the blanks with *el / la / los / las*.

(a) *el* piano
(b) _____ música
(c) _____ equipo
(d) _____ palabras
(e) _____ grupos
(f) _____ compañeras
(g) _____ conversaciones
(h) _____ chateo
(i) _____ televisión
(j) _____ ciudad
(k) _____ diálogos
(l) _____ compañeros

¿Masculino o femenino?

- Words ending in –o are usually _____.
- Words ending in –a, –ción, –sión, or –dad are usually _____.

3.4 Los números

El chateo entre Joaquín y Michael continúa...

¿Cuántos años tienes?

Tengo **catorce** años.

¿**14** años? Yo tengo **catorce** años también.

¿Qué significa ¿*cuántos años tienes?* Joaquín y Michael tienen **catorce** años (*fourteen years old*). ¿Y tú, ¿cuántos años tienes?

Student CD Track 10

3.4 (A) Escucha los números y rellena los espacios con las palabras del recuadro. Listen to the numbers and fill in the blanks with the words from the box.

Vocabulario: Los números

0	1 uno	2 dos	3 tres	4 cuatro	5 cinco	6
7 siete	8 ocho	9	10 diez	11 once	12 doce
13 trece	14 catorce	15 quince	16 dieciséis	17	18
19 diecinueve	20 veinte	21 veintiuno	22 veintidós	23 veintitrés	24
25 veinticinco	26 veintiséis	27 veintisiete	28 veintiocho	29	30 treinta

veinticuatro   cero   diecisiete   nueve   veintinueve   seis   dieciocho

42 cuarenta y dos

3.4 (B) Escucha los números otra vez y repite. Listen to the numbers again and repeat.

3.4 (C) ¿Cómo se escribe el número? Write out the numbers in your copy.

- **(a)** 15 *quince*
- **(b)** 22
- **(c)** 13
- **(d)** 6
- **(e)** 30
- **(f)** 9
- **(g)** 18
- **(h)** 23
- **(i)** 0
- **(j)** 26
- **(k)** 14
- **(l)** 7

Student CD Track 11

3.4 (D) Escucha y escribe los números. Listen and write the numbers.

3	18									

3.5 ¿Cuántos años tienes?

Teacher CD Track 13

3.5 (A) Lee y escucha las conversaciones. Read and listen to the conversations.

(a) Alba: ¿Cuántos años tienes?
Lucía: Tengo trece años ¿y tú?
Alba: Tengo doce años.

(b) Iván: ¿Cuántos años tienes?
Sara: Tengo catorce años ¿y tú?
Iván: Tengo trece años.

(c) Daniel: ¿Cuántos años tienes?
Antonio: Tengo veintidós años ¿y tú?
Daniel: Yo tengo once años.

(d) Laura: ¿Cuántos años tienes?
Jaime: Tengo quince años ¿y tú?
Laura: Tengo diecinueve años.

3.5 (B) Practica con tu compañero/a. ¿Cuántos años tienes? Practise with your partner. How old are you?

cuarenta y tres

Student CD Track 12

3.5 (C) Escucha las conversaciones y rellena el cuadro. Listen to the conversations and fill in the table.

	Nombre	Edad	Ciudad
(a)	Álvaro	12	Oviedo
(b)			
(c)			
(d)			
(e)			
(f)			
(g)			

3.5 (D) Lee los blogs y completa las respuestas en español. Read the blogs and complete the answers in Spanish.

¡Hola! Me llamo Cristina. Tengo dieciséis años. Vivo en Granada. Me gusta la música pop. Mi cantante favorita es Shakira. Soy muy deportista. Me gusta el hockey.

¡Hola! Me llamo Enrique. Tengo catorce años. Vivo en Valencia. Me gustan el fútbol y la música rock. Mi grupo favorito es U2.

¡Hola! Me llamo Iván. Tengo trece años. Vivo en Sevilla. Me gustan el rugby y ver la televisión.

¡Hola! Me llamo Magdalena. Tengo quince años. Vivo en Palma. Me gustan leer libros y la música pop. También me gusta el fútbol. Mi equipo favorito es el Real Madrid.

(a) ¿Cuántos años tiene Cristina?

Cristina tiene _____ años.

(b) ¿Cuáles son los pasatiempos de Enrique?

Sus pasatiempos son _____.

(c) ¿Dónde vive Iván?

Iván vive en _____.

(d) ¿Cuántos años tiene Magdalena?

Magdalena tiene _____ años.

(e) ¿Quién vive en Granada?

_____ vive en Granada.

(f) ¿Cuáles son los pasatiempos de Magdalena?

Sus pasatiempos son _____.

(g) ¿Cuántos años tiene Enrique?

Enrique tiene _____ años.

(h) ¿Quién es la cantante favorita de Cristina?

La cantante favorita de Cristina es _____.

3.5 (E) ¿Cómo se dice en español? Escribe las frases en español con la ayuda de los blogs. Write the phrases in Spanish with the help of the blogs.

(a) I like hockey.
(b) I like rock music.
(c) I also like football.
(d) I like reading books.
(e) My favourite group is Estopa.
(f) My favourite team is Barcelona.
(g) My favourite singer is Paulina Rubio.

Ahora escribe cinco frases sobre tus gustos.
Now write five sentences about your likes.
(Use the examples in 3.5 (E) to help you.)

Paulina Rubio es mexicana. Es cantante y actriz. Ha vendido más de 20 millones de discos.

3.6 El verbo TENER

3.6 (A) TENER

In section 3.5 (A) we heard the question *¿Cuántos años tienes?* and the response *Tengo trece años.*

Both question and response use the verb TENER, meaning *to have*.

TENER (to have)		
yo	tengo	I have
tú	tienes	you have
él / ella	tiene	he has / she has / it has
nosotros / nosotras	tenemos	we have
vosotros / vosotras	tenéis	you (plural) have
ellos / ellas	tienen	they have

- TENER means *to have* and is also used to express age.

Ejemplos:
- Pilar <u>tiene</u> cinco libros.   *Pilar has five books.*
- <u>Tengo</u> doce años.   *I am twelve years old.*

Página 14

Watch the slideshow for PowerPoint 3 on the verb TENER.

Rellena el verbo TENER en tu diario de aprendizaje. Fill in the verb TENER on the irregular verbs page in your learning diary.

3.6 (B) Rellena los espacios con la forma correcta del verbo TENER. Fill in the blanks with the correct form of the verb TENER.

(a) Concha _____ dieciséis años.
(b) ¿Tú _____ un boli?
(c) Ella _____ dos libros en su mochila.
(d) Ellos _____ veinticinco años.
(e) Nerea y Javier _____ mis libros.
(f) Yo _____ un piano en casa.
(g) ¿Vosotras _____ los cuadernos?
(h) David y yo _____ trece años.
(i) Enrique _____ catorce años.
(j) Nosotros _____ los libros en mi taquilla.

3.6 (C) Rellena los espacios con la forma correcta del verbo entre paréntesis. Fill in the blanks with the correct form of the verb in brackets. (Revise ESTAR on page 29.)

(a) Nosotros _____ en Valladolid. (ESTAR)
(b) Yo _____ treinta años. (TENER)
(c) Marta _____ muy bien hoy. (ESTAR)
(d) Ellos _____ tres libros. (TENER)
(e) ¿Tú _____ bien? (ESTAR)
(f) ¿Vosotros _____ un boli? (TENER)
(g) Él _____ quince años. (TENER)
(h) Daniel y Álvaro _____ en Bilbao. (ESTAR)
(i) ¡Hola Pilar! ¿Cuántos años _____? (TENER)
(j) Yo _____ en Jaén. (ESTAR)

3.6 (D) Lee los textos y contesta a las preguntas con frases completas en español. Read the text and answer the questions with full sentences in Spanish.

¡Hola! Me llamo Santiago. Tengo catorce años. Estoy en Alicante. Tengo cuatro libros y dos bolis en mi mochila. Tengo seis cuadernos en la taquilla. Me gusta la música pop.

(a) ¿Cómo se llama el chico?
(b) ¿Cuántos años tiene?
(c) ¿Dónde está?
(d) ¿Cuántos libros tiene en la mochila?
(e) ¿Cuántos bolis* tiene?

¡Hola! Me llamo Alba. Tengo diecisiete años. Estoy en Granada. Tengo siete cuadernos en mi mochila. Hay ocho libros en mi taquilla. Me gusta la música rock. Mi grupo favorito es U2. Me gusta el tenis también.

(a) ¿Cómo se llama la chica?
(b) ¿Cuántos años tiene?
(c) ¿Dónde está?
(d) ¿Cuántos cuadernos tiene en la mochila?
(e) ¿Cuántos libros tiene en la taquilla?

*Boli is a shortened form of bolígrafo. Bolígrafo is one of many Spanish words that have a widely used shortened form. Other examples include:
profe   from profesor / profesora (teacher)
mates   from matemáticas (maths)
insti   from instituto (secondary school)
cole   from colegio (school)

3.7 ¿Cuál es tu número de teléfono?

El chateo entre Joaquín y Michael continúa...

¿Cuál es tu número de teléfono?

Mi número de teléfono es el 677 815 902.

Gracias. ¿Necesito marcar un código antes del número?

Sí. El prefijo internacional para llamar a España es el +34.

Te enviaré un mensaje de texto mañana.

Vale. ¡Hasta luego!

¿Qué significa la pregunta *¿cuál es tu número de teléfono?*?

3.7 (A) Busca las siguientes frases en el chateo de arriba y escríbelas en tu cuaderno. Find the following phrases in the chat above and write them in your copy.

(a) my phone number is
(b) to dial
(c) international dialling code
(d) to call
(e) a text message

¿Cuáles son las frases más parecidas al inglés? ¿Cuáles son diferentes? Which phrases are similar to English? Which ones are different?

Teacher CD Track 14

3.7 (B) Lee y escucha. ¿Cuál es tu número de teléfono? Read and listen. What is your phone number?

¿Cúal es tu número de teléfono?
Mi número de teléfono es el seis cinco nueve cero dos siete cero uno tres (659 02 70 13).

¿Cúal es tu número de teléfono?
Mi número de teléfono es el siete uno ocho tres cinco cinco cero uno seis (718 35 50 16).

¿Cúal es tu número de teléfono?
Mi número de teléfono es el seis siete siete cero nueve trece veintisiete (677 09 13 27).

¿Cúal es tu número de teléfono?
Mi número de teléfono es el siete cero tres catorce dieciocho cero nueve (703 14 18 09).

Did you notice that Spanish phone numbers can be read in pairs?

Unidad 3 Uno, dos, tres

Student CD Track 13

3.7 (C) Escucha y escribe los números. ¿Cuál es tu número de teléfono? Listen and write the numbers.

(a) 903 18 20 07
(b) _____
(c) _____
(d) _____
(e) _____
(f) _____
(g) _____
(h) _____

3.7 (D) Practica con tu compañero/a. ¿Cuál es tu número de teléfono? Practise with your partner. What is your phone number?

3.7 (E) Lee el texto sobre los números de teléfono en España. Read the following text about phone numbers in Spain.

En España todos los números de teléfono tienen nueve dígitos. Los números de teléfonos móviles siempre empiezan con el número seis o el número siete. Hay cuatro operadores de móviles en España. Se llaman Vodafone, Orange, Movistar y Yoigo. Movistar es el más grande con un 65% del mercado español. Para llamar a un teléfono español desde Irlanda hay que marcar +34 antes del número. Para llamar a los servicios de urgencia en España hay que marcar 112.

Contesta en inglés. Answer in English.

(a) How many digits do Spanish phone numbers have?
(b) Spanish mobile phone numbers always begin with one of what two numbers?
(c) How many mobile phone operating companies are there in Spain?
(d) Which mobile phone operator has the largest share of the market in Spain?
(e) What is the international dialling code to call Spain from Ireland?
(f) In Spain what number should you dial to contact emergency services?

cuarenta y nueve

3.7 (F) Busca en Internet los prefijos para llamar a las siguientes ciudades. Escríbelos en tu cuaderno. Use the internet to find the area codes for the following cities. Write them in your copy.

- **(a)** Málaga
- **(b)** Valladolid
- **(c)** Barcelona
- **(d)** Murcia
- **(e)** Madrid
- **(f)** Zaragoza
- **(g)** Las Palmas
- **(h)** Valencia

Página 20

3.7 (G) En tu diario de aprendizaje rellena los prefijos internacionales para los países hispanohablantes de América del Sur. In your learning diary, fill in the international dialling codes for the Spanish-speaking countries of South America.

3.8 ¡Practicamos!

3.8 (A) Escribe las cifras. Write the figures.

- **(a)** veinticuatro *24*
- **(b)** dieciocho _____
- **(c)** quince _____
- **(d)** seis _____
- **(e)** cero _____
- **(f)** cinco _____
- **(g)** veintidós _____
- **(h)** diecinueve _____
- **(i)** once _____
- **(j)** catorce _____

3.8 (B) ¿Cómo se escribe el número? Write out the numbers.

- **(a)** 20 *veinte*
- **(b)** 7 _____
- **(c)** 9 _____
- **(d)** 26 _____
- **(e)** 10 _____
- **(f)** 13 _____
- **(g)** 30 _____
- **(h)** 17 _____
- **(i)** 12 _____
- **(j)** 21 _____

Unidad 3 Uno, dos, tres

3.8 (C) Calcula y escribe las respuestas en español.
Calculate the answers and write them in Spanish.

(a) uno + tres = *cuatro*

(b) cinco – dos = _____

(c) cero + dos = _____

(d) siete + once = _____

(e) catorce – cinco = _____

(f) veintidós + ocho = _____

(g) veintinueve – dieciséis = _____

(h) diecinueve – nueve = _____

(i) doce + doce = _____

(j) trece + quince = _____

+ más
– menos
= igual
1 + 1 = 2
uno más uno igual a dos

Escribe seis sumas en tu cuaderno para tu compañero/a. Write six sums in your copy for your partner to calculate.

3.8 (D) Lee el texto y rellena los números en el cuadro.
Read the text and fill in the numbers in the table.

Para ir al colegio hay que llevar muchísimas cosas. Adrián tiene tres libros y seis cuadernos en su mochila. Pilar tiene cinco libros y ocho cuadernos en su mochila. Miguel tiene más que los demás. Tiene doce libros y diez cuadernos en la taquilla. Adrián tiene cuatro bolis, Pilar tiene siete bolis y Miguel nueve bolis. Hay una alumna que no lleva muchas cosas. Elena lleva dos libros, un cuaderno y tres bolis en su mochila.

	Número de libros	Número de cuadernos	Número de bolis
Adrián			
Pilar			
Miguel			
Elena			

3.8 (E) Juego: Pasar lista con los números.
Practise the numbers with your roll call. One student (or teacher) calls the roll. The first student answers with *uno*, the second with *dos* and so on.

¿Muy fácil? *Try counting backwards from 30 or counting up in twos!*

cincuenta y uno

¿Qué Pasa? 1

3.8 (F) Lee los textos. Read the texts.

i.

PIZZAS MARCO

Pruebe nuestras deliciosas Pizzas

Solo hoy estamos de oferta con una pizza mediana de tres ingredientes

1 litro de refresco GRATIS

Búscanos en la Calle San Juan de Díos, 38
Tel. 958 03 98 52

ii.

LIBRERÍA SANTANDER

- Libros
- Fotocopias
- Impresiones
- Textos Escolares
- Obras literarias

OFERTA 10% DE DESCUENTO PARA ESTUDIANTES

C/Bolivar 254 - Tel. 942 05 20 37

iii.

Día del niño en el ZOO

15 de mayo

Para niños de entre 3 y 14 años

Información
914820511

TE ESPERAMOS EN EL ZOO

iv.

Campus de fútbol Alicante

Curso de dos semanas en julio y agosto para chicos y chicas de 6 a 12 años

Inscripciones e información
96 824 93 05
campusdeverano.com
(cumplimentar hoja de inscripción)

Horarios de oficinas
9:00-14:00 horas
17:00-20:00 horas
de lunes a viernes

52 cincuenta y dos

Contesta en inglés. Answer in English.

(a) How does the pizzeria describe its pizzas?
(b) What is the special offer at the pizzeria?
(c) On what date is Children's Day at the zoo?
(d) Children's Day at the zoo is aimed at what age group?
(e) Apart from selling books, name one other service offered by the bookshop.
(f) What is the special offer at the bookshop? Who is the offer for?
(g) During which two months is the football camp?
(h) What age group is the camp aimed at?
(i) What are the two ways you can get information about the camp?

Contesta en español. Answer in Spanish.

(a) ¿Cómo se llama la pizzería?
(b) ¿Cuál es el número de teléfono de la pizzería?
(c) ¿Cuál es el número de teléfono del zoo?
(d) ¿Cómo se llama la librería?
(e) ¿Cuál es el número de teléfono de la librería?
(f) ¿En qué ciudad tiene lugar el campus de fútbol?
(g) ¿Cuál es el número de teléfono del campus de fútbol?

3.8 (G) Pon las frases en orden y escríbelas en tu cuaderno. Unscramble the sentences and write them in your copy.

(a) tu de ¿cuál teléfono? es número
(b) años ¿cuántos tienes?
(c) catorce tengo años
(d) libros seis la tengo en taquilla
(e) favorito mi es David Bisbal cantante
(f) gusta música la me pop
(g) Murcia ellos en están

¿Qué Pasa? 1

📖 Página 21

🎧 Student CD
Track 14

3.8 (H) Escucha el diálogo y escríbelo en orden en tu diario de aprendizaje. Listen to the dialogue and write it in order in your learning diary.

Yo vivo en Madrid.

Tengo veintidós años. ¿Y tú?

Vivo en Bilbao ¿y tú dónde vives?

¿Cuáles son tus pasatiempos favoritos?

Tengo diecinueve años. ¿Dónde vives?

Buenos días. ¿Cómo estás?

Pues me gustan el tenis y la música.

Muy bien ¿y tú?

Muchas gracias. ¡Hasta pronto!

Bien. ¿Cómo te llamas?

A mí me encanta el tenis también.

Mi número de teléfono es el 695 810 334.

Me llamo Javier.

Mucho gusto Javier. ¿Cuántos años tienes?

¡Hasta luego!

Buenos días.

Me tengo que ir. ¿Cuál es tu número de teléfono?

Me llamo Sara ¿y tú?

📖 Página 22

3.8 (I) En tu diario de aprendizaje escribe un diálogo con las frases que has aprendido de las unidades 1 a 3. In your learning diary, write a dialogue with the phrases you have learned in Units 1–3.

54 cincuenta y cuatro

Unidad 3 Uno, dos, tres

Unidad 3 ¡Ponte a prueba!

Página 25

Watch the video for Unidad 3.

Ordena tus conocimientos de la unidad 3 y ponte a prueba en tu diario de aprendizaje. In your learning diary, sort your learning from Unit 3 and test yourself to see what you have learned.

¿Qué he aprendido en la unidad 3?

	🙂	😐	☹️
I can write a short personal blog			
I understand and can use the definite articles *el*, *la*, *los*, *las*			
I understand question words			
I can count up to 30			
I can ask someone their age and say what my age is			
I can use the verb TENER			
I can ask someone for their phone number			

cincuenta y cinco **55**

UNIDAD 4
¡Soy de España!

By the end of this unit, you will be able to:

- Ask someone where they are from
- Say where you are from
- Recognise a few well-known Hispanic celebrities
- Name the countries of Europe
- Write your profile
- Fill in a form
- Use a dictionary effectively
- Use the verb SER
- Identify masculine, feminine and plural adjectives of nationality

Go to **www.edco.ie/quepasa1** for interactive activities and quizzes based on this unit.

Did you know that there are more Spanish speakers in the United States than there are in Spain?

Penélope Cruz

James Rodríguez

Rafael Nadal

Abraham Mateo

Lionel Messi

56 cincuenta y seis

Unidad 4 ¡Soy de España!

4.1 ¡Tenemos que rellenar un formulario!

4.1 (A) Lee el formulario de Joaquín. Read Joaquín's form.

STUDENT EXCHANGE – INTERCAMBIO DE ESTUDIANTES
www.students.exchange.com

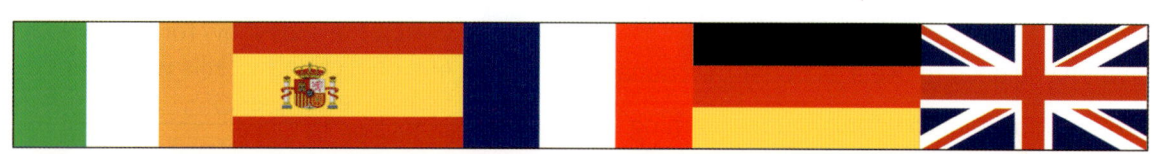

Nombre: Joaquín	Teléfono de contacto: 677 815 902
Apellidos: Garcia Fernández	Correo electrónico @: joaquin.gf@yahoo.es
Sexo: ☐ femenino ☑ masculino	Dirección: C/Tambre 35 1º B, 28002 Madrid, España
Edad: 14 años	Pasatiempos: La música rock, el fútbol, los videojuegos
Fecha de nacimiento (dd/mm/aaaa): 21/09/2004	
Nacionalidad: Español	

Marca con una X el país destino preferido:

	Reino Unido	X	Irlanda		Francia		Alemania		España
	Italia		Portugal		Grecia		Austria		Suecia

cincuenta y siete 57

¿Qué Pasa? 1

To arrange an exchange with Joaquín, Michael must fill in a form, but Michael needs to look up some of the words in his dictionary. Can you decipher these meanings without using your dictionary?

¿Qué significa…?

Correo electrónico _____

Nacionalidad _____

Fecha de nacimiento _____

Dirección _____

Pasatiempos _____

As you are learning a new language, there will be times when you need to use a dictionary. Dictionary skills are an important tool for language learning.

Watch the slideshow for PowerPoint 4(a) on dictionary skills with specific Spanish examples.

Mira la presentación. *Watch the presentation on dictionary skills.*

4.1 (B) ¿Cómo se dice en español? Busca las palabras en el diccionario y escríbelas en tu cuaderno. How do you say it in Spanish? Find the following words in the dictionary and write them in your copy.

(a) a bank (*where you put money*)
(b) a bank (*side of a river*)
(c) a bat (*for table tennis*)
(d) a bat (*flying mammal*)
(e) a match (*for lighting a fire*)
(f) a match (*sports game*)
(g) a train (*transport*)
(h) to train (*sport*)
(i) a fly (*insect*)
(j) to fly (*on a plane*)
(k) to play (*a sport*)
(l) to play (*an instrument*)

Remember

- *m* or *f* will tell you whether a noun is masculine or feminine.
- *pl* will show you if the noun has an unusual plural form.
- If you are looking up a verb (*v*, *vi* or *vtr*) you must look up the infinitive (the name of the verb).
  For example: ESTAR or TENER, not *estoy* or *tiene*.
- Many words have more than one meaning, so make sure you choose the correct meaning.

4.1 (C) Lee el formulario de Michael y completa los ejercicios. Read Michael's form and complete the exercises.

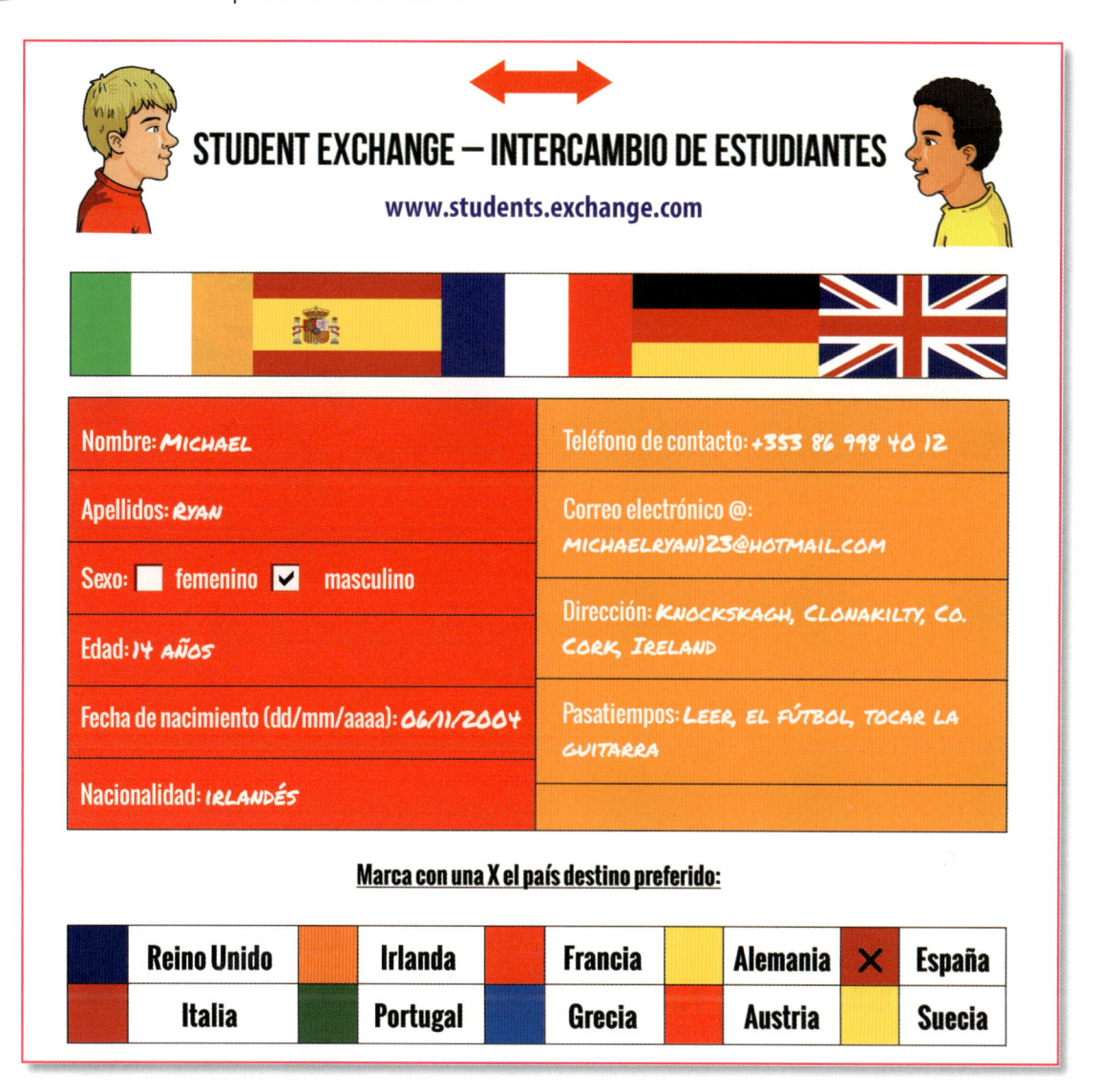

STUDENT EXCHANGE – INTERCAMBIO DE ESTUDIANTES

www.students.exchange.com

Nombre: MICHAEL

Apellidos: RYAN

Sexo: ☐ femenino ☑ masculino

Edad: 14 AÑOS

Fecha de nacimiento (dd/mm/aaaa): 06/11/2004

Nacionalidad: IRLANDÉS

Teléfono de contacto: +353 86 998 40 12

Correo electrónico @: MICHAELRYAN123@HOTMAIL.COM

Dirección: KNOCKSKAGH, CLONAKILTY, CO. CORK, IRELAND

Pasatiempos: LEER, EL FÚTBOL, TOCAR LA GUITARRA

Marca con una X el país destino preferido:

Reino Unido	Irlanda	Francia	Alemania	✗ España
Italia	Portugal	Grecia	Austria	Suecia

¿Verdadero o falso? True or false?

(a) Se llama Michael Doyle.
(b) Michael tiene quince años.
(c) Michael es irlandés.
(d) Michael vive en Cork.
(e) A Michael le gusta jugar al tenis.
(f) A Michael le gusta tocar la guitarra.

cincuenta y nueve **59**

4.1 (D) Ahora completa el formulario con tus detalles. Now fill in the form with your details.

STUDENT EXCHANGE – INTERCAMBIO DE ESTUDIANTES
www.students.exchange.com

Nombre: _____	Teléfono de contacto: _____
Apellidos: _____	Correo electrónico @: _____
Sexo: ☐ femenino ☐ masculino	Dirección: _____
Edad: _____	
Fecha de nacimiento (dd/mm/aaaa): _____	Pasatiempos: _____
Nacionalidad: _____	

Marca con una X el país destino preferido:

Reino Unido	Irlanda	Francia	Alemania	España
Italia	Portugal	Grecia	Austria	Suecia

4.2 Los países europeos

4.2 (A) Rellena el mapa con los países del formulario de Joaquín. Fill in the map with the countries mentioned on Joaquín's form.

	Reino Unido		Irlanda		Francia		Alemania		España
	Italia		Portugal		Grecia		Austria		Suecia

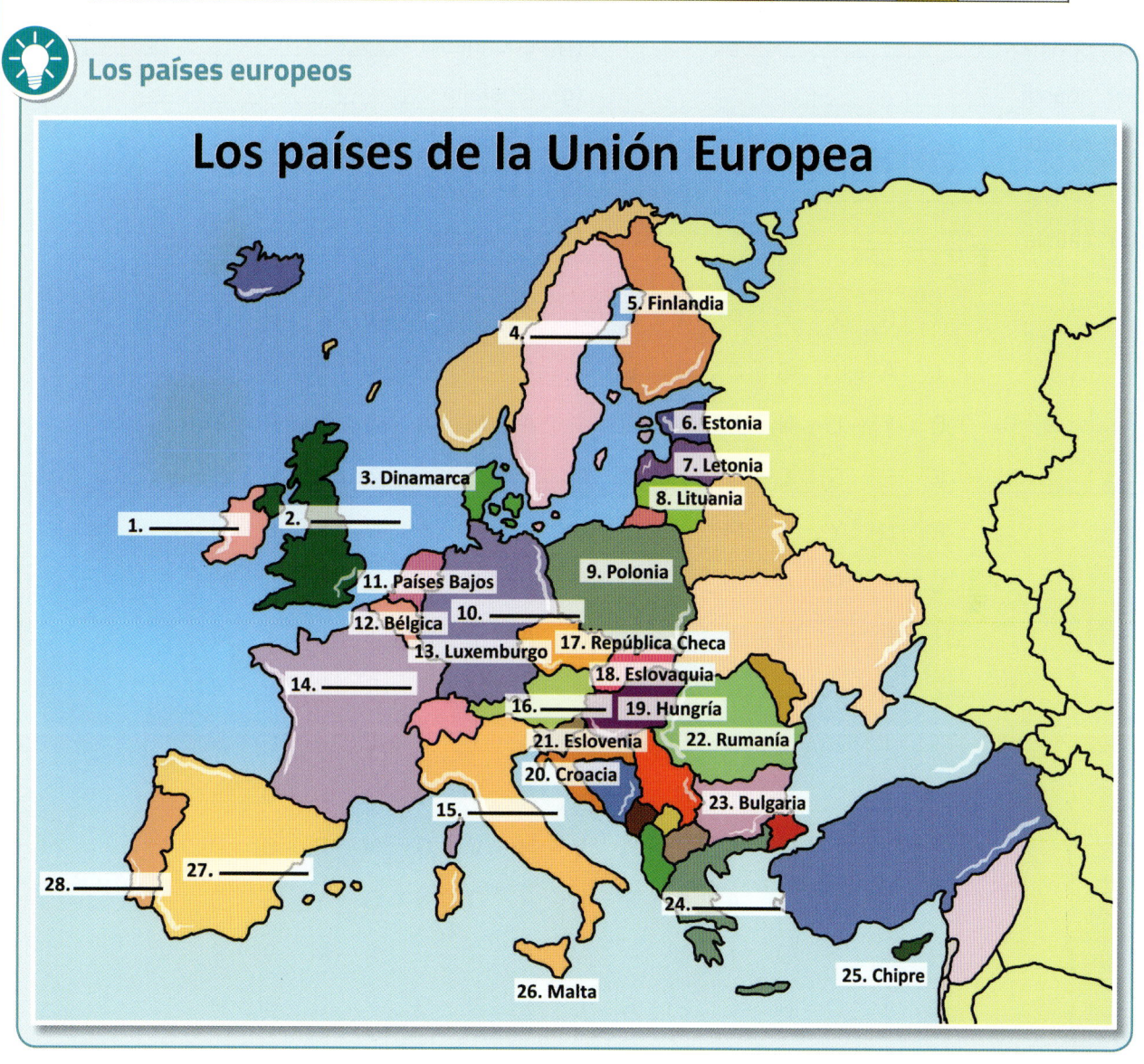

Los países europeos

Los países de la Unión Europea

1. ___
2. ___
3. Dinamarca
4. ___
5. Finlandia
6. Estonia
7. Letonia
8. Lituania
9. Polonia
10. ___
11. Países Bajos
12. Bélgica
13. Luxemburgo
14. ___
15. ___
16. ___
17. República Checa
18. Eslovaquia
19. Hungría
20. Croacia
21. Eslovenia
22. Rumanía
23. Bulgaria
24. ___
25. Chipre
26. Malta
27. ___
28. ___

¿Qué Pasa? 1

Teacher CD Track 15

4.2 (B) Los países europeos: Escucha y repite. European countries: Listen and repeat.

4.2 (C) Pon las letras en orden y busca los países europeos en la sopa de letras. Unscramble the letters and then find the European countries in the word search.

(a) darlina _ _ _ _ _ _ _
(b) anarcif _ _ _ _ _ _ _
(c) cagébil _ _ _ _ _ _ _
(d) cargie _ _ _ _ _ _
(e) causie _ _ _ _ _ _

(f) doorineuni _ _ _ _ _ _ _ _ _ _ _
(g) dinafalin _ _ _ _ _ _ _ _ _
(h) aseñap _ _ _ _ _ _
(i) camanidar _ _ _ _ _ _ _ _ _
(j) amineala _ _ _ _ _ _ _ _

A	G	X	X	P	A	D	O	Z	I	J	W	O	H	J
I	A	I	C	D	U	L	D	E	S	P	A	Ñ	A	F
C	Y	L	N	E	W	A	I	A	M	A	N	Q	R	X
E	E	G	E	O	I	N	N	M	C	I	Z	A	B	P
R	U	Y	Z	M	I	D	U	V	H	I	N	F	Q	H
G	F	P	G	J	A	L	O	U	C	C	G	M	F	M
J	B	S	H	I	E	N	N	A	I	I	L	Y	Q	
E	H	M	C	C	Y	Y	I	A	V	M	R	X	É	X
T	T	E	J	B	B	D	E	A	T	U	L	R	O	B
J	U	P	P	H	N	A	R	Q	V	U	A	D	O	F
S	A	F	C	A	P	H	V	N	V	G	N	B	O	P
P	G	L	L	A	G	E	U	R	O	N	D	Y	S	Q
H	L	N	D	I	N	A	M	A	R	C	A	M	V	P
J	I	Q	W	C	F	F	C	X	N	D	Y	U	W	H
F	C	T	D	R	X	U	X	V	Z	C	N	P	D	J

62 sesenta y dos

Unidad 4 ¡Soy de España!

Student CD Track 15

4.2 (D) Escucha y escribe los nombres de los países en español. ¿De dónde eres?
Listen and fill in the countries in Spanish. Where are you from?

Ejemplo: *¿De dónde eres Irene? Soy de Francia.*

1	2	3	4	5
Francia				
6	**7**	**8**	**9**	**10**

Teacher CD Track 16

4.2 (E) Escucha y lee los diálogos. Listen and read the dialogues.

¿De dónde eres Joaquín? — Soy de España.

¿De dónde eres? — Soy de Irlanda.

¿De dónde eres? — Soy de México.

¿De dónde eres? — Soy de Inglaterra.

4.2 (F) ¿De dónde eres? Práctica con tu compañero/a. Where are you from? Practise with your partner.

sesenta y tres 63

¿Qué Pasa? 1

4.3 ¡Soy de España!

4.3 (A) Ser

In section 4.2 (E) we heard the question *¿De dónde eres?* and the reply *Soy de España.* Both question and response use the verb SER, meaning *to be*.

SER (*to be*)		
yo	soy	*I am*
tú	eres	*you are*
él / ella	es	*he is / she is / it is*
nosotros / nosotras	somos	*we are*
vosotros / vosotras	sois	*you (plural) are*
ellos / ellas	son	*they are*

- SER is used to describe who someone is (origin, occupation, characteristics)
- SER is also used to describe what something is
- Ejemplos:
  - Ignacio y Juan <u>son</u> estudiantes.   *Ignacio and Juan are students.*
  - Nosotros <u>somos</u> de España.   *We are from Spain.*
  - <u>Es</u> un libro interesante.   *It is an interesting book.*

Página 14

Escribe el verbo SER en tu diario de aprendizaje. Fill in the verb SER on the irregular verb page in your learning diary.

4.3 (B) Rellena los espacios con la forma correcta del verbo SER. Fill in the blanks with the correct form of the verb SER.

(a) Yo _____ de Colombia.

(b) Santiago _____ la capital de Chile.

(c) ¿Tú _____ profesora?

(d) Alba _____ de Venezuela.

(e) El libro _____ interesante.

(f) Las pizzas _____ muy ricas.

(g) Nosotros _____ de España.

(h) ¿Tú _____ estudiante?

(i) ¿Vosotras _____ de México?

(j) Yo _____ secretario.

4.3 (C) ¿De dónde son? Busca las respuestas en Internet y escribe las frases en tu cuaderno.
Where are they from? Use the internet to find the answers and write the full sentences in your copy.

(a) ¿De dónde es Shakira? *Shakira es de Colombia.*
(b) ¿De dónde es Lionel Messi?
(c) ¿De dónde es Penélope Cruz?
(d) ¿De dónde es Salma Hayek?
(e) ¿De dónde es James Rodríguez?
(f) ¿De dónde es Rafael Nadal?
(g) ¿De dónde es Antonio Banderas?
(h) ¿De dónde es Luis Suárez?

4.3 (D) ¿Ser o Estar?

You have now seen that there are two verbs in Spanish meaning *to be:* SER and ESTAR. To remember which verb to use, think of this rhyme: *How you feel and where you are, always use the verb ESTAR.* So ESTAR is used to describe feelings and locations, but SER is used for more permanent characteristics like your origin, occupation or profession.

4.3 (E) Rellena los espacios con la forma correcta de SER o ESTAR.
Fill in the blanks with the correct form of SER or ESTAR.

(a) ¿Tú *estás* mal?
(b) Yo _____ de Ecuador.
(c) Nosotras _____ en Ecuador.
(d) Elena y Maite _____ estudiantes.
(e) Él _____ muy mal.
(f) Vosotros _____ de Madrid. Sois españoles.
(g) Yo _____ en Madrid.
(h) ¿Tú _____ bien?

Watch the slideshow for PowerPoint 4(b) on the verbs SER and ESTAR.

sesenta y cinco 65

4.4 ¡Soy yo!

4.4 (A) Lee los perfiles de estos famosos hispanos y contesta a las preguntas.
Read the profiles of these famous Hispanics and answer the questions.

Nombre: James
Apellido: Rodríguez Rubio
Fecha de nacimiento: doce de julio de 1991
Nacionalidad: colombiano
Ciudad de nacimiento: Cúcuta
Comida favorita: arroz con pollo
Pasatiempos: la música, el baloncesto
Profesión: futbolista

Nombre: Abraham
Apellido: Mateo
Fecha de nacimiento: veinticinco de agosto de 1998
Nacionalidad: español
Ciudad de nacimiento: Cádiz
Comida favorita: la pizza o los espaguetis
Pasatiempos: ir a la playa, cantar, el fútbol
Profesión: cantante

Nombre: Penélope
Apellido: Cruz Sánchez
Fecha de nacimiento: veintiocho de abril de 1974
Nacionalidad: española
Ciudad de nacimiento: Madrid
Comida favorita: comida japonesa y chocolate
Pasatiempos: leer y bailar
Profesión: actriz

Unidad 4 ¡Soy de España!

Contesta en inglés. Answer in English.
(a) Who was born in August?
(b) Who likes Japanese food?
(c) Who likes music and basketball?
(d) Who was born in Madrid?
(e) Who likes pizza and spaghetti?
(f) Who was born in July?

Contesta en español. Answer in Spanish.
(a) ¿Cuáles son los pasatiempos de Penélope Cruz?
(b) ¿Quién es de Colombia?
(c) ¿De dónde es Abraham Mateo?
(d) ¿Cuál es la comida favorita de James Rodríguez?
(e) ¿De dónde es Penélope Cruz?
(f) ¿Quién es cantante?

Teacher CD
Tracks 17–19

4.4 (B) ¡Así soy yo! Escucha y lee los perfiles de los estudiantes y rellena la tabla en español. Listen and read the profiles of the students and fill in the table in Spanish.

¡Hola chicos! Me llamo Lucía. Tengo diecisiete años. Mi cumpleaños es el diez de septiembre. Soy de Perú, soy peruana. Vivo en un apartamento con mi familia en Lima, la capital de Perú. En mi tiempo libre me gusta leer libros. También toco el piano y la guitarra y juego al tenis. Mi comida favorita es el chocolate. ¿Y tú? ¿De dónde eres? ¿Cuántos años tienes? ¿Cuáles son tus pasatiempos?

¡Hola! Me llamo Sergio. Tengo quince años. Mi cumpleaños es el veintidós de noviembre. Soy de Argentina, soy argentino. Vivo en una casa en Buenos Aires, la capital de Argentina. En mi tiempo libre juego al fútbol. Mi equipo favorito es el Boca Juniors. Me gusta la música jazz. Toco la guitarra. Mi comida favorita es la pizza. ¿Y tú? ¿Cuándo es tu cumpleaños? ¿Dónde vives?

¡Hola chicos! Me llamo Irene. Tengo trece años. Mi cumpleaños es el diecinueve de febrero. Soy de España, soy española. Vivo en un piso con mi familia en Valencia en el este de España. Mis pasatiempos son ver la televisión y jugar al hockey. Me gusta la música pop y mi cantante favorito es Juanes. Mi comida favorita es el chorizo. No me gusta la pizza. ¿Y tú? ¿Cuál es tu comida favorita? ¿Cuáles son tus pasatiempos?

sesenta y siete

¿Qué Pasa? 1

		Lucía	Sergio	Irene
(a)	Edad			
(b)	Cumpleaños			
(c)	Nacionalidad			
(d)	Pasatiempos			
(e)	Comida favorita			

4.4 (C) ¿Cómo se dice en español? Escribe las frases en español con la ayuda de los perfiles. Write the phrases in Spanish with the help of the profiles.

(a) My birthday is the tenth of November

(b) In my free time I play rugby

(c) I live in a house with my family in Dublin, the capital of Ireland

(d) I play the piano

(e) My favourite food is pizza

(f) When is your birthday?

Página 29

4.4 (D) ¡Todo sobre mí! Rellena tu perfil en tu cuaderno de aprendizaje. All about me! Fill in your profile in your learning diary.

Página 30

4.4 (E) Rellena el perfil de una persona famosa de España o Hispanoamérica en tu diario de aprendizaje. Fill in the profile of a famous person from Spain or Latin America in your learning diary.

4.5 Las nacionalidades

4.5 (A) Las nacionalidades

James Rodríguez es *colombiano*.

Shakira es *colombiana*.

Abraham Mateo es *español*.

Penélope Cruz es *española*.

Note: *colombiano, colombiana, español* and *española* are all adjectives of nationality.

Why do we say *James Rodríguez es colombiano*, but *Shakira es colombiana*?

68 sesenta y ocho

Rellena los espacios con la forma correcta de los adjetivos. Fill in the blanks with the correct form of the adjectives.

Adjectives of nationality ending in –o have four separate forms, depending on whether the people they refer to are masculine or feminine, and singular or plural.

masculine	feminine	masculine plural	feminine plural
argentino	argentina	argentinos	argentinas
chileno	chilena	chilenos	chilenas
italiano	italiana	italianos	italianas
mexicano	_____	_____	_____
peruano	_____	_____	_____
ruso	_____	_____	_____

Ejemplos:

David es colombiano.

María es colombiana.

Enrique y Gonzalo son colombianos.

Elena y Sara son colombianas.

Adjectives of nationality ending in –e have just two different forms: singular and plural.

masculine	feminine	masculine plural	feminine plural
canadiense	canadiense	canadienses	canadienses
estadounidense	estadounidense	estadounidenses	estadounidenses

Ejemplos:

Juan es estadounidense.

Ana es estadounidense.

Álvaro y Enrique son estadounidenses.

Ellas son estadounidenses.

Adjectives of nationality ending in consonants have four separate forms.

masculine	feminine	masculine plural	feminine plural
alemán	alemana	alemanes	alemanas
español	española	españoles	españolas
francés	francesa	franceses	francesas
inglés	_____	_____	_____
irlandés	_____	_____	_____
japonés	_____	_____	_____

sesenta y nueve

Did you notice the patterns? Adjectives of nationality ending in a consonant are made feminine by dropping the accent over the final vowel (if there is one), and adding –a. To make these adjectives plural we also drop that final accent, and add –es for masculine plural and –as for feminine plural.

Ejemplos:

Seán es irlandés.

Kate es irlandesa.

Rob y Thomas son irlandeses.

Aoife y Megan son irlandesas.

! Nationalities in Spanish **never** take capital letters!

4.5 (B) Mira las frases que escribiste en el ejercicio 4.3 (C) y añade sus nacionalidades. Look back at the sentences you wrote for exercise 4.3 (C). Now add their nationalities.

Ejemplo: ¿De dónde es Shakira? *Shakira es de Colombia, es colombiana.*

4.5 (C) Rellena los espacios con la forma correcta de las nacionalidades entre paréntesis. Fill in the blanks with the correct form of the nationalities in brackets.

(a) Laura es *inglesa* (inglés)
(b) David es _____ (estadounidense)
(c) Cristina es _____ (francés)
(d) Jaime y Santiago son _____ (colombiano)
(e) Isabel es _____ (chileno)
(f) Pablo y Ana son _____ (español)
(g) Susana y Lucía son _____ (irlandés)
(h) Irene y Tomás son _____ (ruso)
(i) Concha es _____ (canadiense)
(j) Alba y Magdalena son _____ (peruano)

4.6 ¡Practicamos!

4.6 (A) Los verbos. Rellena los espacios con la forma correcta del verbo entre paréntesis. Fill in the gaps with the correct form of the verb in brackets.

Ejemplo: Ellos **son** de Madrid (SER)

- **(a)** Yo _____ quince años. (TENER)
- **(b)** ¿Vosotros _____ de Inglaterra? (SER)
- **(c)** ¿Tú _____ bien? (ESTAR)
- **(d)** Pilar y yo _____ nueve libros. (TENER)
- **(e)** Él _____ español. (SER)
- **(f)** Yo _____ muy mal hoy. (ESTAR)
- **(g)** Alba _____ doce años. (TENER)
- **(h)** Jaime y Santi _____ de Francia. (SER)
- **(i)** Nosotras _____ muy bien. (ESTAR)
- **(j)** Ellas _____ tres cuadernos y cuatro bolígrafos. (TENER)

Página 31

4.6 (B) ¡Vamos a hablar! Prepara tus respuestas en tu diario de aprendizaje. Prepare your responses in your learning diary.

4.6 (C) Habla con tu compañero/a de clase. Hazle preguntas sobre sí mismo/a. Talk to your classmate. Ask him/her about himself/herself. (You may use the questions below to guide your conversation.)

- **(a)** ¿Cómo te llamas?
- **(b)** ¿Cómo estás?
- **(c)** ¿Cómo se escribe tu nombre?
- **(d)** ¿Cómo se escribe tu apellido?
- **(e)** ¿Cuántos años tienes?
- **(f)** ¿Cuándo es tu cumpleaños?
- **(g)** ¿De dónde eres?
- **(h)** ¿Cuál es tu número de teléfono?
- **(i)** ¿Dónde vives?
- **(j)** ¿Cuáles son tus pasatiempos?

4.6 (D) Lee la ficha para ir a un campamento de verano y contesta a las preguntas con frases completas en tu cuaderno. Read the form for a summer camp and answer the questions using full sentences in your copy.

Campamento de verano - Málaga

Nombre: *Yolanda*
Apellidos: *López González*
Sexo: ☒ femenino ☐ masculino
Edad: *15 años*
Nacionalidad: *española*
Teléfono de contacto: *958 32 49 07*
Correo electrónico @: *yolanda.logo@yahoo.es*
Dirección: *C/San Basilio 34 1º B, 18071 Granada, España*
Pasatiempos: *Jugar al tenis, ver la televisión, tocar el piano*
Marca con una X las fechas elegidas:

☐ 1ª Semana del 16 al 20 de julio
☒ 2ª Semana del 23 al 27 de julio
☐ 3ª Semana del 6 al 10 de agosto

(a) ¿Cómo se llama la chica?
(b) ¿Cúal es su nacionalidad?
(c) ¿Dónde vive?
(d) ¿Cuántos años tiene?
(e) ¿Cuál es su número de teléfono?
(f) ¿Cuáles son sus pasatiempos?

Unidad 4 ¡Soy de España!

4.6 (E) ¡Soy español! Escucha y rellena la tabla en español. Listen and fill in the table in Spanish.

		Alejandro	Marta	Gilberto
(a)	Nacionalidad			
(b)	Edad			
(c)	Ciudad			
(d)	Pasatiempos			
(e)	Nº de teléfono			

		Adrián	Pilar
(a)	Nacionalidad		
(b)	Edad		
(c)	Ciudad		
(d)	Pasatiempos		
(e)	Nº de teléfono		

setenta y tres

4.6 (F) En grupos corrige el ejercicio en la página anterior usando las siguientes preguntas. In groups, correct the exercise on the previous page by asking each other the following questions.

(a) ¿Cuál es su nacionalidad?

(b) ¿Cuántos años tiene?

(c) ¿Dónde vive?

(d) ¿Qué hace en su tiempo libre?

(e) ¿Cuál es su número de teléfono?

4.6 (G) Corrige los errores y escribe las frases correctas en tu cuaderno. Correct the errors and write the correct sentences in your copy.

Ejemplo: ¿Cómo me llamas? ¿*Cómo* **te** *llamas?*

(a) Te llamo Adrián.

(b) Yo está bien.

(c) Buenas días señora Arcos.

(d) No Jorge está en Madrid.

(e) Tengo diecicinco años.

(f) María es francés.

(g) Mi libro estoy en la taquilla.

(h) Susana y David son Colombianos.

Bogotá Colombia

Página 32

4.6 (H) Estás de vacaciones en Málaga y conoces a un/a chico/a español/a. Escribe un diálogo en tu cuaderno de aprendizaje. You are on holidays in Málaga and you meet a Spanish boy/girl. Write a role play in your learning diary. (Include greetings, names and how to spell them, ages, nationalities and phone numbers.)

4.6 (I) Practica el diálogo con tu compañero/a. Practise the role play with your partner.

4.6 (J) Lee el folleto de una escuela de inglés y contesta a las preguntas en inglés. Read the brochure from an English language school and answer the questions on page 76 in English.

ACADEMIA BRITÁNICA BUENOS AIRES

¿QUIERES ESTUDIAR INGLÉS EN BUENOS AIRES?

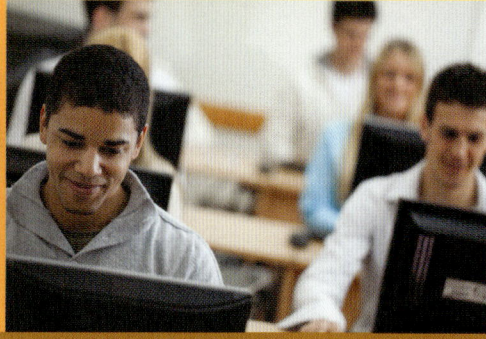

Cursos de inglés de 2, 4 u 8 semanas en junio, julio y agosto. Descuentos para cursos de 8 semanas.

Ofrecemos:
* Cursos para adultos
* Cursos para adolescentes
* Clases por Skype
* Cursos para estudiantes universitarios

4 niveles:
* elemental
* pre-intermedio
* intermedio
* avanzado

Cursos de inglés general
* conversación
* escucha
* pronunciación
* gramática
* incluye audio, video y cursos interactivos

Horario de clases
- De 9:00 a 12:00 horas
- De 15:00 a 18:00 horas

Información: Tel: 032 49 85 76

Email: ab@gmail.com

(a) In which city is this language school?

(b) During which three months of the year are these English courses being offered?

(c) How can you get a discount?

(d) Classes are offered to which three groups of people?

(e) How many levels of English class are there? What are the levels?

(f) What is the content of the general English course?

(g) What is the class timetable?

(h) Name two ways you can get information about the courses.

Página 33

4.6 (K) Rellena la ficha para una escuela de idiomas en tu diario de aprendizaje. Fill in the form for a language school in your learning diary.

Unidad 4 ¡Ponte a prueba!

Página 36

Watch the video for Unidad 4.

Ordena tus conocimientos de la unidad 4 y ponte a prueba en tu diario de aprendizaje. In your learning diary, sort your learning from Unit 4 and test yourself to see what you have learned.

¿Qué he aprendido en la unidad 4?

	🙂	😐	☹️
I can fill in a form			
I find it easy to use the dictionary			
I can identify some Hispanic celebrities			
I can ask someone where they are from			
I can say where I am from			
I can use the verb SER			
I understand the basic differences between SER and ESTAR			

76 setenta y seis

UNIDAD 5

¿Qué haces los sábados?

By the end of this unit, you will be able to:

- Say the days of the week and months of the year
- Ask someone what day it is
- Ask someone when their birthday is and give the date of your birthday
- Talk about what you do at the weekend
- Talk about a number of popular Spanish festivals
- Understand and use regular verbs ending in –AR
- Understand and use the irregular verbs IR and HACER

Go to **www.edco.ie/quepasa1** for interactive activities and quizzes based on this unit.

Did you know that some countries use the term *castellano* to refer to the Spanish language, while others say *español*?

La Tomatina en Buñol

La Semana Santa en Huelva

Los San Fermines en Pamplona

Las Fallas de Valencia

setenta y siete 77

¿Qué Pasa? 1

5.1 Hablamos de las fechas

Joaquín y Michael organizan el intercambio...

¿En qué mes prefieres venir a Madrid?
¿Quizás en **abril** o **mayo** o **junio**?
Sería mejor llegar en abril para estar aquí durante la Semana Santa.
¡Fantástico!
Si tú vienes a Madrid en abril yo iré a Irlanda en **agosto** y **septiembre**.

Joaquín and Michael are organising the dates for their exchange. Can you figure out in what months Michael would prefer to go to Madrid? What months would Joaquín like to spend in Ireland?

Rellena los espacios con los meses mencionados en la conversación entre Joaquín y Michael. Fill in the blanks with the months mentioned in the conversation between Joaquín and Michael.

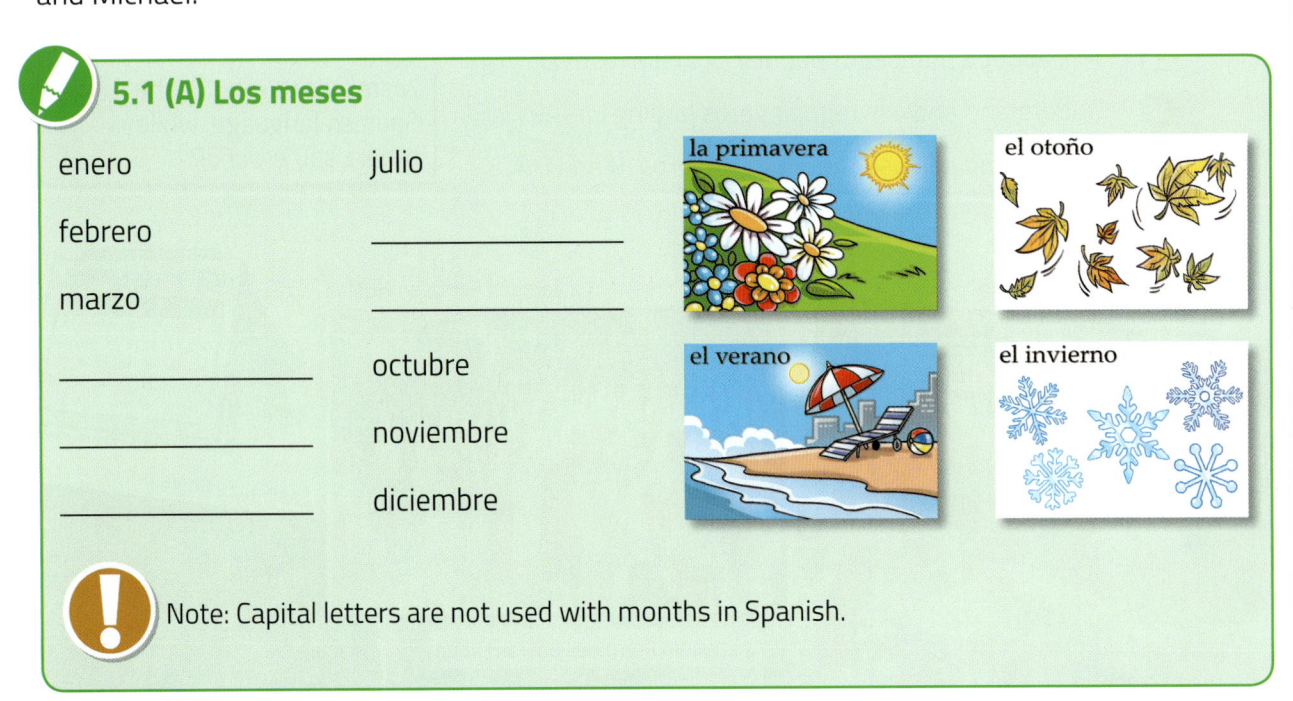

5.1 (A) Los meses

enero   julio

febrero   _____

marzo   _____

_____ octubre

_____ noviembre

_____ diciembre

la primavera   el otoño

el verano   el invierno

Note: Capital letters are not used with months in Spanish.

78 setenta y ocho

Unidad 5 ¿Qué haces los sábados?

Teacher CD
Track 20

5.1 (B) Escucha y repite los meses. Listen and repeat the months.

5.1 (C) Busca las estaciones y los meses del año en la sopa de letras. Después, averigua qué mes y qué estación falta. Find the seasons and months in the word search. Then figure out which month and which season are missing from the puzzle.

K	T	E	I	T	O	D	T	E	T	P	Y	X	O	U
Y	Q	T	R	J	L	R	R	G	R	Y	L	Z	C	B
G	O	J	K	Y	O	B	E	L	I	I	Y	M	T	H
E	P	G	Z	F	M	K	L	N	R	R	O	E	U	W
U	P	G	I	E	N	E	I	B	E	J	W	S	B	L
H	Y	T	I	R	O	N	A	R	E	V	U	T	R	I
C	W	C	Y	B	H	S	S	S	L	D	A	L	E	I
H	I	Z	S	M	P	P	F	U	D	C	C	S	I	O
D	P	T	S	E	Y	S	Y	E	U	Y	A	Z	O	O
K	I	N	V	I	E	R	N	O	B	G	S	M	T	H
Y	V	O	R	V	B	S	G	M	O	R	A	U	O	O
D	V	Z	B	O	Y	K	X	S	F	Y	E	R	Ñ	Z
F	N	R	J	N	F	Q	T	C	O	G	Y	R	O	U
Z	X	A	N	P	E	O	J	U	N	I	O	S	O	H
C	K	M	B	F	N	U	H	S	Q	T	M	W	I	O

El mes que falta es: _____

La estación que falta es: _____

setenta y nueve **79**

¿Qué Pasa? 1

¿Qué fecha es hoy?

Hoy es el ocho de noviembre

- We use cardinal numbers (dos, tres, cuatro, etc.) with dates. For example: *el quince de febrero*.
- For the first of the month we can say *el uno* or *el primero*.

5.1 (D) ¿Qué fecha es hoy? Escribe las fechas. What date is it today? Write the dates.

(a) 02/12 *hoy es el dos de diciembre*
(b) 25/05 _____
(c) 14/11 _____
(d) 30/03 _____
(e) 09/10 _____
(f) 23/06 _____
(g) 18/02 _____
(h) 01/09 _____
(i) 06/07 _____
(j) 27/01 _____
(k) 11/08 _____
(l) 22/04 _____

Student CD
Track 17

5.1 (E) ¿Cuándo es tu cumpleaños? Escucha y rellena las fechas de nacimiento en inglés. When is your birthday? Listen and fill in the birthdays in English.

¿Cuándo es tu cumpleaños, Joaquín?

Mi cumpleaños es el veintiuno de septiembre.

	Name	Birthday
1	Joaquín	21 September
2	Miguel	
3	Alejandra	
4	Tomás	
5	Marta	
6	Antonio	
7	Susana	
8	Sergio	

80 ochenta

Unidad 5 ¿Qué haces los sábados?

5.1 (F) ¿Cuándo es tu cumpleaños? Practica con tu compañero/a. When is your birthday? Practise with your partner.

Ejemplo: ¿Cuándo es tu cumpleaños? *Mi cumpleaños es el catorce de octubre.*

5.2 Las fiestas

Let's look again at the text messages between Joaquín and Michael.

Joaquín mentions *Semana Santa*, a religious festival held in the week leading up to Easter Sunday. During Semana Santa, solemn processions take place in many cities and towns but the most elaborate processions are in Andalucía. Large floats carrying images of Jesus Christ and the Virgin Mary are carried from parish churches accompanied by marching brass bands playing sorrowful music. Long lines of *nazarenos* (hooded figures wearing robes) accompany the floats.

5.2 (A) Las fiestas españolas

Semana Santa is just one of a number of fiestas that take place around the country each year – some with a historical or religious meaning and others that are simply a chance for locals and tourists to get together and party.

ochenta y uno **81**

Carnavales

Carnival in Spain is celebrated just before the beginning of Lent. The biggest and best Carnival celebrations take place in Santa Cruz de Tenerife and Cádiz. Carnival festivities see thousands of people taking to the streets to dance and to watch the flamboyant costume parades.

Las Fallas de Valencia

Valencia's biggest festival, Las Fallas, takes place every March. The festival is now a five-day celebration with *corridas* (bullfights), *cabalgatas* (parades), and *fuegos artificiales* (fireworks). The focus of the festival is the burning of *las fallas* (giant papier mâché statues).

La Feria de Abril

The Feria de Abril starts two weeks after Semana Santa in Seville. It begins with a parade of horses and carriages, with men wearing traditional suits and women wearing *trajes de flamenca* (flamenco-style dresses). Crowds gather in the streets throughout the festival to dance *sevillanas* (a flamenco-style dance), eat *tapas* and drink *jerez* (sherry).

Los San Fermines

This festival is held in Pamplona from 6 to 14 July. Each morning at eight o'clock the famous *encierro* (running of the bulls) takes place. Visitors and *pamploneses* (people from Pamplona) dress in traditional white clothing with red handkerchiefs. Each evening there is a *corrida* (bullfight). The festival became famous worldwide after references in Ernest Hemingway's 1926 novel *The Sun Also Rises*.

La Tomatina

La Tomatina is held on the last Wednesday in August, when thousands of people take to the streets of Buñol, Valencia, to throw *tomates* (tomatoes) at each other. The festival dates from 1945. It is now a major international festival attracting thousands of visitors to Buñol each year.

Unidad 5 ¿Qué haces los sábados?

Página 40

5.2 (B) Una fiesta española. Research a Spanish fiesta. (Choose one fiesta and research it further. Create a short digital presentation to accompany your project. Write as much as you can in Spanish.)

Student CD
Track 18

5.2 (C) Escucha y rellena la tabla con las fechas de estas fiestas. Listen and fill in the dates of these fiestas.

	Fiesta	Fecha
1	Año Nuevo	01/01
2	Los Reyes Magos	
3	Día del Padre	
4	Día de la Madre	
5	La Tomatina	
6	Fiesta de San Martín	
7	Nochebuena	
8	Nochevieja	

5.2 (D) TENER lugar

You have already learned the verb TENER (to have), but the phrase TENER lugar means *to take place*.

La Tomatina **tiene lugar** en agosto.

5.2 (E) ¿Cuándo tienen lugar las fiestas? Escribe cinco frases. When do the following feast days and festivals take place? Write five sentences.

(a) Los San Fermines
(b) La Feria de Sevilla
(c) El día de San Patricio
(d) Las Fallas de Valencia
(e) La Navidad

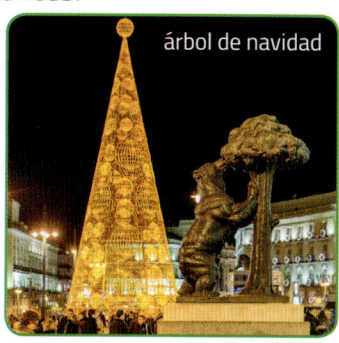

árbol de navidad

ochenta y tres 83

5.3 Los días de la semana

Michael has reserved his trip to Madrid. What airline will he travel with? On what date will he travel? He will travel on *sábado*. *¿Qué día es sábado?* What day is *sábado*?

5.3 (A) Los días de la semana

lunes   martes   miércoles   jueves   viernes   sábado   domingo

- We use small letters with days of the week.
- Look at this translation:
  - Today is Monday the eighth of March.   *Hoy es lunes, ocho de marzo.*

  We do not translate *the* in this sentence.
- el domingo = on Sunday
- los domingos = on Sundays

84   ochenta y cuatro

5.3 (B) Lee este poema. ¿Cómo se dice *the weekend* en español? Read the following poem about the days of the week and look for the phrase meaning *the weekend*.

Siete son los días
que hay en la semana.
Empieza con lunes
y en domingo acaba.
Martes y miércoles
ya juntos cabalgan.
El jueves nos dice:
¡Mitad de semana!
Viernes y sábado
alegres exclaman:
¡Con nosotros llega
el fin de semana!

¿Qué día es hoy?

Hoy es miércoles

5.3 (C) ¿Qué día es? Rellena los espacios. What day is it? Fill in the blanks.

(a) ¿Qué día es hoy? Hoy es sábado. Mañana es <u>domingo</u>.
(b) ¿Qué día es hoy? Hoy es lunes. Mañana es _____.
(c) ¿Qué día es hoy? Hoy es viernes. Mañana es _____.
(d) ¿Qué día es hoy? Hoy es _____. Mañana es jueves.
(e) ¿Qué día es hoy? Hoy es domingo. Mañana es _____.
(f) ¿Qué día es hoy? Hoy es _____. Mañana es viernes.
(g) ¿Qué día es hoy? Hoy es miércoles. Mañana es _____.
(h) ¿Qué día es hoy? Hoy es _____. Mañana es martes.
(i) ¿Qué día es hoy? Hoy es jueves. Mañana es _____.
(j) ¿Qué día es hoy? Hoy es _____. Mañana es lunes.

5.3 (D) Lee los textos y contesta a las preguntas. Read the texts and answer the questions.

1. **Contesta en español.** Answer in Spanish.
   - (a) ¿Cuándo es la fiesta del cine?
   - (b) ¿Cuánto cuesta una entrada a la fiesta?

del 31 de marzo al 2 de abril
2,90€ cada entrada
ven a la Fiesta del cine

2. **Contesta en inglés.** Answer in English.
   - (a) According to the article, on what day and date does La Tomatina begin?
   - (b) Name one personal item that can be easily damaged during the festival.
   - (c) The children's Tomatina is for children of what age?
   - (d) On what day and date does the children's Tomatina take place?

'LA TOMATINA' DE BUÑOL

Compártelo en: Me gusta 60 | Compartit | G+1 0 | Twittear

Miércoles 26 de agosto. Buñol, provincia de Valencia. A partir de las 11 de la mañana. ¿Sabes ya de qué estamos hablando? ¡Sí! La Tomatina.

Si piensas inmortalizar el momento, conviene que lleves una cámara acuática o tipo GoPro. Últimamente también están de moda las fundas de plástico que mediante un cierre hermético protegen cámaras, móviles y cualquier dispositivo que no quieras que se dañe a tomatazos.

Por tercer año consecutivo, Buñol celebrará la Tomatina Infantil en la que los más pequeños (la edad de los participantes debe estar entre los 4 y los 14 años) podrán divertirse lanzándose tomates. Será en la plaza mayor el sábado 22 de agosto a las 12:00.

Unidad 5 ¿Qué haces los sábados?

3 Contesta en inglés. Answer in English.

(a) In what city does the Verano Sound music festival take place?

(b) Between what dates does the festival take place?

(c) How many bands have been confirmed for the festival?

(d) On what day of the week does the festival begin?

(e) On what date do the tickets go on sale?

VERANO SOUND

El festival Verano Sound se celebrará del 9 al 12 de agosto en el Parque de Atracciones de Igeldo, en Donostia (San Sebastián). Con más de 20.000 asistentes en su última edición y bandas como The Strypes, Miss Caffeina, The Hives y mucho más, el Verano Sound ya se ha puesto en marcha para una edición por todo lo alto. Actualmente hay unos treinta grupos confirmados. El festival empezará el jueves, nueve de agosto, con fuegos artificiales y el grupo irlandés Delorentos entre muchos otros. Entradas a la venta exclusivamente en www.veranosound.com y oficinas de correos desde el 21 de enero hasta el inicio del festival.

5.4 #BAILAR #CANTAR #DESCANSAR

#FBF #VeranoSound #bailar #cantar #descansar #amigosxa100pre

Joaquín has posted an image from a music festival last summer. Look at the hashtags. Can you remember the meaning of *bailar* and *cantar*? (Look back at Section 4.4 (A).)

5.4 (A) Los verbos en –AR

You have already learned the present tense of the verbs SER, ESTAR and TENER. These are all irregular verbs. We call them irregular because they follow no pattern. BAIL**AR** and CANT**AR** belong to a group of verbs we call –AR verbs. They are regular –AR verbs because they follow a pattern. Can you figure out the pattern from the chart below? Fill in the verbs ESCUCHAR and HABLAR.

	BAIL**AR** (to dance)	CANT**AR** (to sing)	ESCUCHAR (to listen to)	HABL**AR** (to speak)
yo	bailo	canto	escucho	
tú	bailas	cantas	escuchas	
él / ella	baila	canta		
nosotros / as	bailamos	cantamos		
vosotros / as	bailáis	cantáis		
ellos / ellas	bailan	cantan		

5.4 (B) Más verbos en –AR

adivinar	to guess		estudiar	to study
andar	to walk		fumar	to smoke
cenar	to have dinner		llegar	to arrive
charlar	to chat (to talk)		llevar	to carry / wear
chatear	to chat (online / internet chat)		mirar	to look at
cocinar	to cook		nadar	to swim
comprar	to buy		preparar	to prepare
desayunar	to have breakfast		tocar	to play (an instrument)
descansar	to rest		tomar	to take
dibujar	to draw		trabajar	to work
esperar	to wait / hope		viajar	to travel

Juan anda    María estudia    Las mujeres trabajan    Ellos charlan

Página 41

Watch the slideshow for PowerPoint 5 on the –AR verbs.

5.4 (C) Rellena los cuadros con los verbos en –AR en tu diario de aprendizaje. Fill in the –AR verb charts in your learning diary.

5.4 (D) Rellena los espacios con la forma correcta del verbo entre paréntesis. Fill in the blanks with the correct form of the verb in brackets.

(a) Los sábados por la noche yo *bailo* (bailar) en la discoteca.
(b) Ellos _____ (viajar) a Perú en abril.
(c) ¿Tú _____ (hablar) español?
(d) Adrián y yo _____ (trabajar) en un supermercado.
(e) Pilar _____ (estudiar) inglés los jueves.
(f) Yo _____ (mirar) la televisión los domingos por la tarde.
(g) Nosotras _____ (cantar) en el colegio.
(h) ¿Tú _____ (tocar) el piano?
(i) ¿Vosotros _____ (escuchar) música?
(j) Él _____ (comprar) bolígrafos en la papelería.
(k) Yo _____ (llegar) a Madrid.
(l) ¿Tú _____ (bailar)?
(m) Ella _____ (tomar) un café.
(n) Nosotros _____ (escuchar) música pop.
(ñ) Pablo y Antonio _____ (cenar) en un restaurante.
(o) Yo _____ (estudiar) español y francés.
(p) ¿Vosotras _____ (viajar) a Colombia?
(q) Sara _____ (trabajar) en una farmacia.
(r) Ellas _____ (tocar) la guitarra.
(s) ¿Tú _____ (fumar)?

Unidad 5 ¿Qué haces los sábados?

ochenta y nueve

Teacher CD Track 21

5.4 (E) El fin de semana en la casa de Joaquín. Escucha y subraya todos los verbos en –AR del texto. Listen to Joaquín talk about his weekend. Underline all the –AR verbs you see in the text below.

Llego a casa a las cinco de la tarde los viernes después de una semana larga en el instituto. Los viernes por la noche mi familia y yo cenamos juntos. Después de la cena escucho música. Los sábados por la mañana mis amigos y yo jugamos al fútbol y charlamos en el club de cerca de mi casa. Los sábados por la tarde tomo una siesta porque los sábados por la noche bailo en la discoteca con mis amigos. Los domingos por la mañana desayuno con mi familia en una churrería. Tomamos chocolate con churros. Por la tarde estudio en casa o miro un partido de fútbol en la tele. ¡Me encanta el fin de semana!

1. **En el texto de arriba ...** In the above text ...
    - (a) Identifica 7 verbos en –AR que se refieren a 'mi'. *Identify 7 –AR verbs in the 'yo' form.*
    - (b) Identifica 4 verbos en –AR que se refieren a 'nosotros'. *Identify 4 –AR verbs in the 'nosotros' form.*

2. **Pon las imágenes en orden según el texto de arriba.** Put the images in order following the text above.

5.5 ¿Qué haces los fines de semana?

5.5 (A) Dos verbos irregulares: HACER e IR

- Look at the title of this section. We see the question *¿Qué haces?* What do you do?
  Haces is from the irregular verb HACER (to do/make).
- Ejemplo:
  - ¿Qué **haces** los sábados por la noche?   **Voy** a la discoteca.
- *Voy* (I go) is from the verb IR (to go). Study the two irregular verbs below.

	HACER (to make / do)	IR (to go)
yo	hago	voy
tú	haces	vas
él / ella	hace	va
nosotros / as	hacemos	vamos
vosotros / as	hacéis	vais
ellos / ellas	hacen	van

- Ejemplos:
  - <u>Voy</u> a Barcelona.   *I am going to Barcelona.*
  - Susana <u>hace</u> una paella.   *Susana is making a paella.*

Página 14

Rellena los verbos IR y HACER en tu diario de aprendizaje. Fill in the verbs IR and HACER on the irregular verb page in your learning diary.

5.5 (B) Rellena los espacios con la forma correcta del verbo entre paréntesis. Fill in the blanks with the correct form of the verb in brackets.

(a) Nosotros *vamos* (ir) a la discoteca.

(b) ¿Tu _____ (ir) a Málaga?

(c) Juan _____ (ir) a la Feria de Abril.

(d) ¿Vosotros _____ (ir) a la discoteca?

(e) Yo _____ (ir) a la Tomatina.

(f) Ana y yo _____ (hacer) los deberes.

(g) Yo _____ (hacer) una pizza.

(h) Pilar y Rocío _____ (hacer) aerobic.

(i) ¿Tú qué _____ (hacer) los sábados?

5.5 (C) ¿Qué haces los sábados?

Los sábados voy...

... a la casa de mi amigo

... al supermercado

... al restaurante

... al cine

... al parque

... al club de fútbol

... a la discoteca

... al centro comercial

Unidad 5 ¿Qué haces los sábados?

> ❗ Look at the difference between the following sentences:
>
> *Voy a la discoteca*
>
> *Voy al cine*
>
> You may have noticed that when *a* is followed by *el* (as in *el* cine), it becomes *al*:
>
> **a + el = al**
>
> ❗ **los** viernes por la noche — on Friday night**s**
>
> ❗ **los** sábados por la mañana — on Saturday morning**s**
>
> ❗ **los** domingos por la tarde — on Sunday afternoon**s**
>
> - Remember the difference between **el** sábado and **los** sábados:
>   - **el** sábado por la tarde — on Saturday afternoon
>   - **los** sábado**s** por la tarde — on Saturday afternoon**s**
>   - **el** fin de semana — at the weekend
>   - **los** fines de semana — at the weekend**s**

... al club juvenil

Student CD Track 19

5.5 (D) ¿Qué haces durante la semana? Escucha la entrevista con Joaquín y rellena el cuadro. What do you do during the week? Listen to the interview with Joaquín and fill in the table in Spanish.

	¿CUÁNDO?	ACTIVIDAD
1	los sábados por la noche	baila en la discoteca
2		
3		
4		
5		
6		
7		
8		
9		
10		

Página 42

5.5 (E) ¿Qué haces los fines de semana? Escribe un párrafo en tu diario de aprendizaje. What do you do at the weekends? Write a short paragraph in your learning diary.

Unidad 5 ¿Qué haces los sábados?

5.5 (F) ¿Qué haces durante la semana? Pregunta a tu compañero/a. Work in pairs. Ask your partner what he/she does at different times of the week.

5.5 (G) Lee los textos y contesta a las preguntas en español. Read the texts and answer the questions in Spanish.

Los diablos rojos
Jueves 22 de enero / 18.30 hrs.

Angelito y Nacho
Sábado 24 de enero / 18.30 hrs.

Flores silvestres
Viernes 23 de enero / 18.30 hrs.

Las reinas del rock
Domingo 25 de enero / 18.30 hrs.

(a) ¿Qué día es el concierto de Angelito y Nacho?

(b) ¿En qué fecha es el concierto de Flores silvestres?

(c) ¿Qué banda tiene un concierto el domingo?

(d) ¿Qué banda tiene un concierto el 22 de enero?

noventa y cinco

¿Qué Pasa? 1

Cine Club Sevilla

CALLE PEDRO ANTONIO 56

TODOS LOS MIÉRCOLES - DE 17h00 A 20h00

EL LABERINTO DEL FAUNO — 23 de Octubre
CAZAFANTASMAS — 30 de Octubre
LAS AVENTURAS DE PEABODY Y SHERMAN — 06 de Noviembre

(a) ¿En qué ciudad está este Cine Club?
(b) ¿En qué fecha echan la película Cazafantasmas?
(c) ¿En qué día de la semana dan las películas?
(d) ¿Cómo titula la película que echan el 23 de octubre?

5.6 ¡Practicamos!

5.6 (A) Pon las frases en orden. Put the sentences in order.

(a) seis es cumpleaños el Mi agosto de — *Mi cumpleaños es el seis de agosto.*
(b) mi casa domingos de a Los voy la amigo — *Los domingos...*
(c) marzo de es Hoy treinta el
(d) bailo por la Los noche en sábados discoteca la
(e) de martes enero es Hoy veintidós
(f) cumpleaños? es ¿Cuándo tu
(g) familia la viernes con Los mi noche por ceno

96 noventa y seis

5.6 (B) Corrige los errores y escribe las frases correctas.
Correct the errors and write the correct sentences.

(a) Yo cena con mi familia — *Yo ceno con mi familia*
(b) Mi cumpleaños es el quince de Noviembre _____
(c) Nosotros trabajar en un supermercado _____
(d) Hoy son dos de mayo _____
(e) Hoy es lunes. Mañana es miércoles. _____
(f) Joaquín hablo francés _____
(g) Hoy es Jueves _____

5.6 (C) Rellena los espacios con las palabras del recuadro.
Fill in the blanks with the words in the box.

(a) Yo *bailo* en la discoteca.
(b) Vosotros _____ la guitarra.
(c) Sara y Gilberto _____ a Bolivia.
(d) ¿Tú _____ español?
(e) Ella _____ una paella.
(f) Nosotras _____ libros.
(g) Yo _____ alemán.
(h) Nosotros _____ en el parque.
(i) Tú _____ el piano.
(j) Yo _____ en Vigo.
(k) Vosotras _____ a Italia.
(l) ¿Tú _____?
(m) Sara _____ los lunes.
(n) Ellas _____ con Jorge.

| viajan | estudio | prepara | ~~bailo~~ | tocáis | compramos | hablas |
| trabaja | viajáis | andamos | charlan | fumas | trabajo | tocas |

Página 43

5.6 (D) ¡Vamos a hablar! Prepara tus respuestas en tu diario de aprendizaje.
Prepare your responses in your learning diary.

Habla con tu compañero/a de clase. Hazle preguntas sobre si mismo/a. Talk to your classmate. Ask him/her about himself/herself. (You may use the questions below to guide your conversation.)

(a) ¿Cuándo es tu cumpleaños?
(b) ¿Te gusta cocinar?
(c) ¿Tocas la guitarra?
(d) ¿Te gusta escuchar música?
(e) ¿Qué haces los fines de semana?
(f) ¿Estudias mucho?
(g) ¿Qué haces los jueves por la tarde?
(h) ¿Qué haces los domingos por la mañana?
(i) ¿Qué fecha es hoy?
(j) ¿Qué día es hoy?

5.6 (E) Rellena los espacios con la forma correcta del verbo entre paréntesis. Fill in the blanks with the correct form of the verb in brackets.

(a) Yo *trabajo* (trabajar) en una cafetería.
(b) Nosotras _____ (tomar) una siesta.
(c) ¿Tú _____ (andar) al colegio?
(d) Irene no _____ (cocinar) en casa.
(e) Paula y Carlos _____ (bailar) en la fiesta.
(f) ¿Vosotros _____ (fumar)?
(g) Yo no _____ (tocar) el piano.
(h) Él _____ (estudiar) español.
(i) Ellas _____ (desayunar) cereales.
(j) Yo _____ (cenar) con mis padres.

Unidad 5 ¿Qué haces los sábados?

5.6 (F) Rellena los espacios con la forma correcta del verbo entre paréntesis. Fill in the blanks with the correct form of the verb in brackets.

(a) Ignacio *va* (ir) al parque.
(b) ¿Vosotras _____ (hacer) los ejercicios?
(c) Ellos _____ (ir) a Bilbao.
(d) Ella _____ (hacer) los deberes.
(e) Yo _____ (ir) al centro de Madrid.
(f) ¿Tú _____ (tener) catorce años?
(g) Susana y Cristina _____ (ser) de Venezuela.
(h) Nosotros _____ (estar) bien.
(i) Yo _____ (hacer) una pizza.
(j) David y yo _____ (tener) quince años.

5.6 (G) Haz un póster de un calendario con las fechas de cumpleaños de cada alumno de la clase. Make a poster-style calendar with the birthdays of each student in your class.

noventa y nueve **99**

Unidad 5 ¡Ponte a prueba!

Página 47

Watch the video for Unidad 5.

Ordena tus conocimientos de la unidad 5 y ponte a prueba en tu diario de aprendizaje.
In your learning diary, sort your learning from Unit 5 and test yourself to see what you have learned.

¿Qué he aprendido en la unidad 5?

	🙂	😐	☹️
I can ask someone the day and date of their birthday			
I can say what day or date it is and I can give the date of my birthday			
I have good knowledge of popular fiestas in Spain			
I can give a basic account of what I do at the weekend			
I can use regular verbs ending in –AR			
I can use the irregular verbs IR and HACER			

UNIDAD 6
¡Te presento a mi familia!

By the end of this unit, you will be able to:

- Describe yourself and your family
- Interview a classmate
- Name different pets
- Talk about your pet
- Count up to 100
- Recognise the Spanish royal family and other well-known Hispanic celebrities
- Write an email
- Use adjectives and possessive adjectives to describe people

Go to **www.edco.ie/quepasa1** for interactive activities and quizzes based on this unit.

Did you know that the Spanish national anthem, *la Marcha Real* (Royal March), is one of only four national anthems in the world to have no lyrics?

Felipe VI, Rey de España

Palacio Real, Madrid

Escudo de armas

La familia real española

ciento uno 101

6.1 La familia de Joaquín

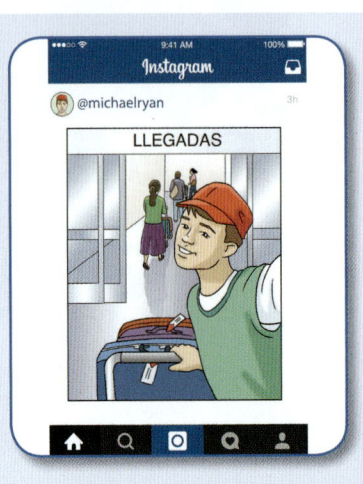

¡Michael está en Madrid! La familia de Joaquín está en el aeropuerto de Barajas, en Madrid. Mira la foto de la familia de Joaquín.

¡Michael! Hay cinco personas en mi familia. Mi **padre** se llama Miguel, tiene cuarenta y ocho años. Mi **madre** se llama Ana y tiene cuarenta y tres años. Tengo un hermano y una hermana. Mi **hermano** mayor se llama Rubén. Tiene dieciocho años. Mi **hermana** menor se llama Susana. Tiene doce años.

¿Qué significa *madre*? ¿Qué significa *padre*? ¿Cómo se dice *brother* en español? ¿Cómo se dice *sister*?

Unidad 6 ¡Te presento a mi familia!

6.1 (A) La familia García

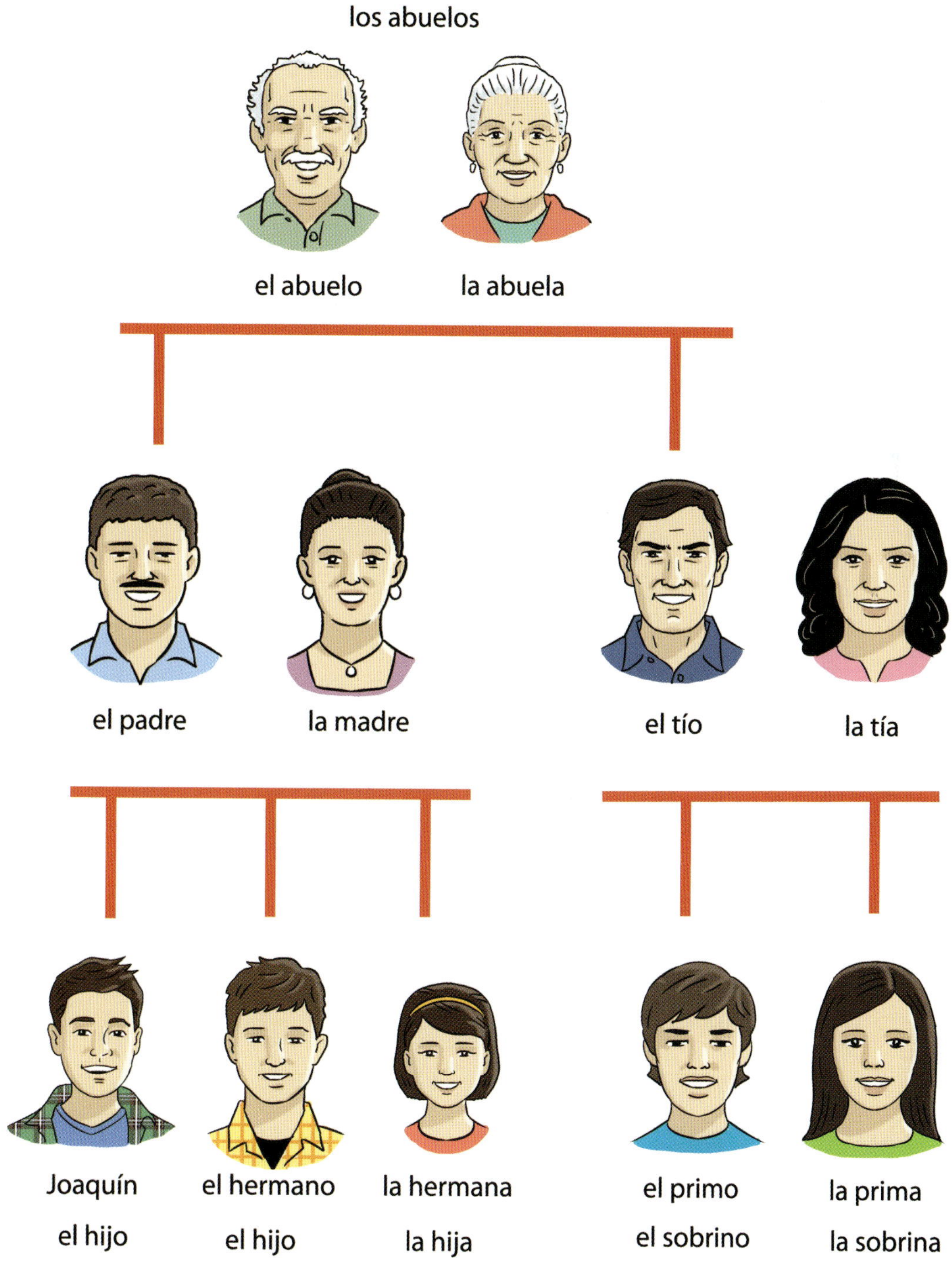

los abuelos

el abuelo — la abuela

el padre — la madre — el tío — la tía

| Joaquín | el hermano | la hermana | el primo | la prima |
| el hijo | el hijo | la hija | el sobrino | la sobrina |

ciento tres **103**

¿Qué Pasa? 1

6.1 (B) Sopa de letras. Escribe las palabras correctas y búscalas en la sopa de letras. Unscramble the vocabulary from Section 6.1 (A) and find the words in the word search.

Ejemplo: *lifamia* f a m i l i a

(a) rahemon h _ _ _ _ _ _ _
(b) jahi h _ _ _
(c) daper p _ _ _ _
(d) bulaea _ _ _ _ _ _
(e) porim _ _ _ _ _
(f) radem _ _ _ _ _
(g) nosirob _ _ _ _ _ _ _
(h) atí _ _ _
(i) marhena _ _ _ _ _ _ _
(j) olubea _ _ _ _ _ _

A	P	A	Í	T	S	H	H	T	G	U	F	W	V	T
I	N	R	T	E	D	E	C	U	E	D	A	Q	S	R
T	M	A	I	M	R	B	X	J	V	A	M	D	I	G
E	Q	H	M	M	E	J	O	L	G	R	I	K	T	H
Z	M	Y	A	R	O	O	V	T	C	L	L	B	I	O
K	R	N	I	B	E	F	M	H	L	U	I	J	U	I
H	O	D	G	B	H	H	F	H	H	T	A	Q	T	Y
P	A	D	R	E	A	I	K	X	P	O	C	A	U	E
U	T	P	D	B	N	P	A	O	M	J	X	V	N	O
O	N	I	R	B	O	S	L	O	A	E	Q	T	T	U
R	M	E	V	X	X	E	E	C	D	S	J	N	N	X
P	P	E	N	J	U	R	U	A	R	X	T	H	B	L
N	A	C	W	B	Q	R	B	F	E	N	E	Z	X	Z
H	D	A	A	C	S	Z	A	R	Z	B	F	H	L	Z
W	H	E	R	M	A	N	O	N	U	J	J	P	C	G

104 ciento cuatro

6.2 ¿Cuántas personas hay en tu familia?

Teacher CD
Tracks 22–24

6.2 (A) Escucha y lee los textos y completa los ejercicios. Listen to and read the texts, and complete the exercises.

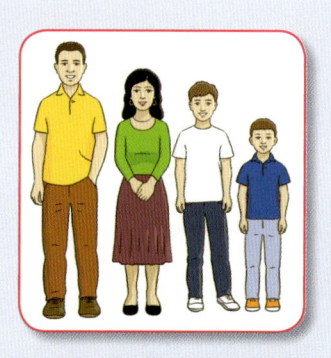

¡Hola! Soy Sergio. Tengo catorce años. Hay cuatro personas en mi familia: mi madre, mi padre, mi hermano Adrián y yo. Mi padre se llama David y mi madre se llama Maricarmen. Mi hermano menor se llama Adrián y tiene diez años. No tengo hermanas.

¡Hola! Soy Irene. Tengo una familia pequeña. Hay tres personas en mi familia: mi madre, mi padre y yo. No tengo hermanos. Soy hija única. Mi padre se llama Juan y tiene cuarenta y cinco años. Mi madre se llama Alba y tiene cuarenta y tres años.

¡Hola! Me llamo Isabel y tengo trece años. Hay cinco personas en mi familia: mis padres, mi hermano mayor, mi hermana y yo. Mis padres se llaman Alejandra y Tomás. Mi hermano mayor se llama Enrique. Tiene diecisiete años. Mi hermana se llama Sara y tiene trece años como yo. Somos gemelas.

Contesta en inglés. Answer in English.

(a) How old is Sergio's younger brother?

(b) How many people are in Irene's family?

(c) What is Irene's mother's name?

(d) Who is Sara?

Contesta en español. Answer in Spanish.

(a) ¿Cómo se llama la madre de Sergio?

(b) ¿Cómo se llama el padre de Irene?

(c) ¿Cuántos años tiene la hermana de Isabel?

(d) ¿Cuántas personas hay en la familia de Isabel?

¿Cuánto? ¿Cuánta? ¿Cuántos? ¿Cuántas?

Look back at the questions you just answered.

- *¿Cuántos años tiene la hermana de Isabel?*
- *¿Cuántas personas hay en la familia de Isabel?*

Why do we use *¿cuántos?* before *años*, and *¿cuántas?* before *personas*?

- *¿Cuánto?* always agrees in number and gender with the noun that follows.

- Ejemplos:
  - *¿Cuántos libros hay en tu taquilla?* How many books are there in your locker?
  - *¿Cuántas carpetas hay en tu taquilla?* How many folders are there in your locker?

Note that *hay* can mean *there is* or *there are*.

- Ejemplos:
  - **Hay** cuatro personas en mi familia.   **There are** four people in my family.
  - **Hay** una carpeta en mi taquilla.   **There is** a folder in my locker.

6.2 (B) ¿Cuántas personas hay en tu familia? Relaciona las frases con los dibujos. How many people are in your family? Match the phrases to the pictures.

1.  2.  3.  4.

(a) Somos tres en mi familia. Soy hijo único. Mis padres están divorciados. Mi padre se llama Antonio y mi madrastra se llama Cristina.

(b) Hay cinco personas en mi familia. Mis hermanos se llaman Mercedes y Gonzalo.

(c) Somos cuatro en mi familia: mi madre, mi hermana, mi hermano y yo.

(d) Hay cuatro personas en mi familia. Mi madre se llama Yolanda y mi padrastro se llama Sergio. Tengo un hermano. Somos gemelos.

¿Qué significa...?

hijo único _____	el padrastro _____
están divorciados _____	somos gemelos _____
la madrastra _____	

Unidad 6 ¡Te presento a mi familia!

Página 51

6.2 (C) Escribe una descripción corta de tu familia en tu diario de aprendizaje. Write a brief description of your family in your learning diary.

Student CD
Tracks 20–23

6.2 (D) Escucha y contesta en español. Listen and answer in Spanish.

Nuria

1. ¿Cuántas personas hay en su familia?
2. ¿Cómo se llama su hermano?
3. ¿La hermana Susana es mayor o menor que Nuria?

Daniel

1. ¿Cómo se llama su padrastro?
2. ¿Cuántos hermanos tiene?

Yolanda

1. ¿Cuántas personas hay en su familia?
2. ¿Cuántos hermanos tiene?
3. ¿Cuántos años tiene Pablo?

Iván

1. ¿Cuántas personas hay en su familia?
2. ¿Quién es Cristina?
3. ¿Quién es Isabel?

6.3 ¿De quién es...?

6.3 (A) Possession with 'de'

Look back at the questions in Section 6.2 (A).

- ¿Qué significa...?
    - *la madre de Sergio*
    - *el padre de Irene*
    - *la hermana de Isabel*

¿Cómo se dice *Sergio's father* y *Isabel's mother*?

- As you can see in the above examples we use *de*, meaning *of*. So, to translate *Sergio's mother* we are literally saying *the mother of Sergio*: *la madre de Sergio*.
- Note that when *de* is followed by *el* it becomes *del*.
- Compare:
    - the boy's mother   *la madre **del** chico*
    - the girl's mother   *la madre **de la** chica*
    - Sergio's mother   *la madre **de** Sergio*

ciento siete **107**

6.3 (B) ¿Cómo se dice en español?

(a) Joaquín's father
(b) My brother's book
(c) My sister's copy
(d) The boy's stepmother
(e) The girl's father

6.3 (C) Los adjetivos posesivos

In Section 6.2 (A) we heard Isabel say **Mis** padres se llaman... **Mi** hermana se llama... so we have already seen that there are two ways of saying *my*. *Mi* and *mis* are both possessive adjectives. Possessive adjectives show us who owns something.

	masculine	feminine	masculine plural	feminine plural
my	**mi**		**mis**	
your	**tu**		**tus**	
his / her	**su**		**sus**	
our	**nuestro**	**nuestra**	**nuestros**	**nuestras**
your (plural)	**vuestro**	**vuestra**	**vuestros**	**vuestras**
their	**su**		**sus**	

Possessive adjectives agree with the noun **after** them.

- Ejemplos:
  - **Nuestro** padrastro es francés.   Our stepfather is French.
  - **Nuestra** abuela se llama Rosa.   Our grandmother is called Rosa.
  - **Nuestros** primos son altos.   Our cousins are tall.
  - **Nuestras** hermanas son guapas.   Our sisters are beautiful.

Unidad 6 ¡Te presento a mi familia!

6.3 (D) ¿Cuál es el adjetivo adecuado? Circle the correct adjective.

(a) *Tu / tus* hermanos se llaman Katy y Séan. (your)

(b) *Vuestro / vuestra / vuestros / vuestras* tías son inteligentes. (your)

(c) *Su / sus* abuelo se llama Manuel. (their)

(d) *Mi / mis* libros están en la taquilla. (my)

(e) *Nuestro / nuestra / nuestros / nuestras* madre es guapa. (our)

(f) *Su / sus* padres son cubanos. (his)

(g) *Nuestro / nuestra / nuestros / nuestras* padrastro se llama Juan. (our)

(h) *Tu / tus* hermana tiene quince años. (your)

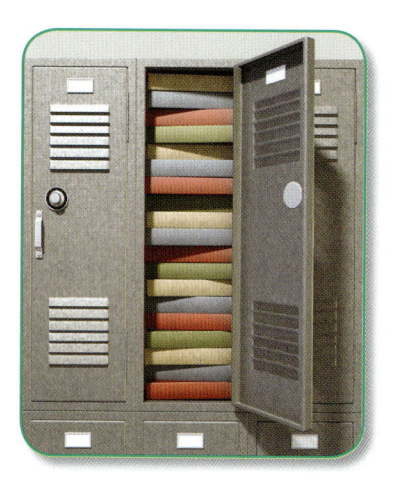

6.4 ¿Cuántos años tiene tu padre?

Look back at Joaquín's description of his family (p.102).

- Joaquín says: *Mi padre se llama Miguel, tiene* **cuarenta y ocho** *años.*

  Cuarenta y ocho is 48 – literally forty and eight!

- Joaquín says: *Mi madre se llama Ana y tiene* **cuarenta y tres** *años.*

  ¿Qué significa *cuarenta y tres*? Vamos a estudiar los números …

el padre   la madre

ciento nueve **109**

Teacher CD
Track 25

6.4 (A) Escucha y repite los números. Listen and repeat the numbers.

Los números

31 treinta y uno/a	32 treinta y dos	33 treinta y tres
40 cuarenta	41 cuarenta y uno/a	42 cuarenta y dos
50 cincuenta	60 sesenta	70 setenta
80 ochenta	90 noventa	100 cien

Numbers ending in 1 (e.g. 21, 31, 41) change their ending depending on whether they refer to masculine or feminine nouns. Before masculine nouns, the ending changes from *uno* to *ún*.

- Ejemplo: Hay *veintiún* chicos en mi clase.

Before feminine nouns the ending changes from *uno* to *una*.

- Ejemplo: Hay *treinta y una* chicas en mi colegio.

110 ciento diez

Unidad 6 ¡Te presento a mi familia!

> Note the use of full stops, commas and the euro symbol with numbers in Spanish. How is it different from English?
>
> Ejemplos:
> - If a car costs €23,500 it will be written 23.500€ in Spanish.
> - If a pen costs €2.99 it will be written 2,99€ in Spanish.

6.4 (B) ¿Cómo se escribe el número? Write out the numbers.

(a) 69 *sesenta y nueve*
(b) 83 _____
(c) 52 _____
(d) 96 _____
(e) 47 _____
(f) 100 _____

(g) 31 _____
(h) 50 _____
(i) 75 _____
(j) 99 _____
(k) 84 _____
(l) 68 _____

Student CD
Track 24

6.4 (C) Escucha y escribe los números. Listen and use figures to write the numbers you hear.

72	18								

ciento once 111

6.4 (D) Calcula y escribe las respuestas en español. Calculate the answers and write them in Spanish.

(a) cuarenta y uno + veintitrés = *sesenta y cuatro*

(b) noventa – veinte = _____

(c) setenta y nueve + dos = _____

(d) quince + once = _____

(e) setenta – catorce = _____

(f) veintidós + treinta y ocho = _____

(g) noventa y tres – dieciséis = _____

(h) ochenta y nueve – treinta = _____

(i) setenta y uno + veinte = _____

(j) cincuenta y cinco – diez = _____

Escribe seis sumas en tu cuaderno para tu compañero/a. Write six sums in your copy for your partner to calculate.

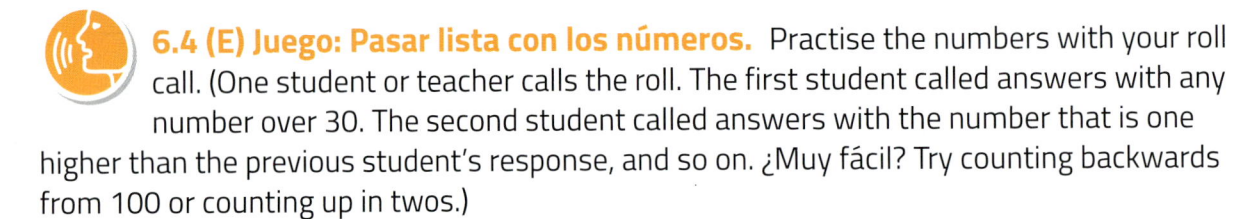

6.4 (E) Juego: Pasar lista con los números. Practise the numbers with your roll call. (One student or teacher calls the roll. The first student called answers with any number over 30. The second student called answers with the number that is one higher than the previous student's response, and so on. ¿Muy fácil? Try counting backwards from 100 or counting up in twos.)

6.5 Descripciones

Mira como Joaquín describe a su abuelo: alto, delgado, divertido, y a su abuela: baja, gorda, activa.

> Mis abuelos se llaman Manuel y Carmen.
> Son los padres de mi madre.
> Viven en Madrid también.
> Mi abuelo tiene setenta y dos años.
> Tiene el pelo gris y los ojos marrones.
> Es alto, delgado y muy divertido.
> Mi abuela tiene sesenta y nueve años.
> Tiene el pelo gris y los ojos azules.
> Es baja y un poco gorda. Es muy activa.

Unidad 6 ¡Te presento a mi familia!

6.5 (A) Los adjetivos

In Spanish, adjectives must agree in number and gender with the noun they describe. Note how *gordo* changes depending on the person being described below.

El gato es gord**o**.
La tortuga es gord**a**.

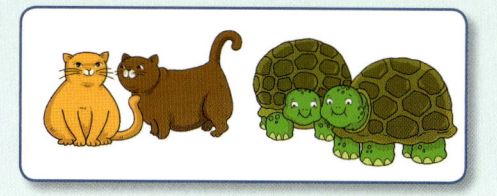

Los gatos son gord**os**.
Las tortugas son gord**as**.

es gord**o**   es delgad**o**

es alt**a**   es baj**a**

son rubi**os**   son pelirroj**os**

son guap**as**   son fe**as**

ciento trece **113**

6.5 (B) Descripciones: ¿Cuál es el adjetivo adecuado? Circle the correct adjective.

(a) Mi hermano es *alto, alta, altos, altas*
(b) Mis primas son *gordo, gorda, gordos, gordas*
(c) Mi abuela es *bajo, baja, bajos, bajas*
(d) Mis padres son *pelirrojo, pelirroja, pelirrojos, pelirrojas*
(e) Mi tío es *guapo, guapa, guapos, guapas*
(f) Mis sobrinos son *delgado, delgada, delgados, delgadas*
(g) Mi hija es *rubio, rubia, rubios, rubias*
(h) Mis hermanas son *feo, fea, feos, feas*

6.5 (C) ¿Cómo eres?

Tengo...

los ojos azules

los ojos verdes

los ojos marrones

el pelo negro

el pelo rubio

el pelo moreno

el pelo castaño

el pelo gris

el pelo largo

el pelo corto

el pelo rizado

el pelo liso

el pelo ondulado

Llevo...

gafas

barba

bigote

114 ciento catorce

Unidad 6 ¡Te presento a mi familia!

Student CD Tracks 25–28

Watch the slideshow for PowerPoint 6(a) on descriptions.

6.5 (D) ¿Cómo eres? Escucha y rellena el cuadro en inglés. Listen and fill in the chart in English.

Me llamo Mercedes López Ortiz. Tengo trece años. Soy estudiante. Tengo el pelo moreno y largo y tengo los ojos verdes. Soy bastante alta y delgada. Llevo gafas. Tengo tres hermanas.

Name	Mercedes	Pablo	Alejandra	José
Hair	Long brown			
Eyes	Green			
Description	Quite tall, thin, glasses			
Siblings	3 sisters			

6.5 (E) Pregunta a tu compañero/a. ¿Cómo eres? Work in pairs. Ask your partner to describe himself/herself.

Página 52

6.5 (F) ¿Cómo eres? Escribe una descripción en tu diario de aprendizaje. Write a description of yourself in your learning diary.

ciento quince 115

6.5 (G) Algunos hispanos famosos. Lee los textos y contesta a las preguntas. Read the texts about four famous Hispanics and answer the questions that follow.

Se llama Diego González Boneta. Es un actor y cantante mexicano. Su cumpleaños es el veintinueve de noviembre. Tiene el pelo castaño y corto y los ojos verdes. Lleva barba. Es delgado y muy guapo.

Se llama Elsa Pataky. Es una actriz de Madrid, España. Su cumpleaños es el dieciocho de julio. Es bastante baja y delgada y tiene el pelo rubio y largo. Tiene los ojos verdes.

Se llama Luis Suárez. Es un futbolista uruguayo. Su cumpleaños es el veinticuatro de enero. Es bastante alto. Tiene el pelo negro y los ojos negros. No lleva gafas.

Se llama Pedro Almodóvar. Es un director de cine. Es español. Su cumpleaños es el veinticinco de septiembre. Tiene los ojos marrones y el pelo gris.

Contesta en español. Answer in Spanish.

(a) ¿De dónde es Diego González Boneta?
(b) ¿Cuándo es el cumpleaños de Elsa Pataky?
(c) ¿Cómo es Pedro Almodóvar?
(d) ¿Quién es bastante alto?
(e) ¿Quién es bastante baja?
(f) ¿Quién tiene el pelo castaño?

Unidad 6 ¡Te presento a mi familia!

Página 53

6.5 (H) Escribe una descripción de un hispano famoso en tu diario de aprendizaje.
Write a description of a famous Hispanic person in your learning diary.

6.6 ¿Cómo es tu familia?

Pues hay cinco personas en mi familia: mis padres, mis dos hermanos y yo Michael. Mi madre se llama Jenny. Es muy baja y tiene los ojos marrones y el pelo rubio y corto. Mi padre Frank es alto y delgado. Tiene el pelo moreno y corto y los ojos azules. Tengo un hermano y un hermana. Mi hermana mayor se llama Róisín. Tiene diecinueve años. Es guapa y muy inteligente. Tiene el pelo rubio y largo. Tiene los ojos verdes y lleva gafas. Mi hermano mayor se llama Séan. Es bastante alto con el pelo moreno y los ojos verdes. Tiene dieciséis años. Es deportista y hablador.

Los Ryan

Student CD Tracks 29–31

6.6 (A) Tres personas describen a sus familias. Escucha y completa los ejercicios en español.
Three people describe their families. Listen and complete the exercises in Spanish.

1. **Susana**

Rellena los espacios. Fill in the blanks.

Me llamo Susana García. Tengo (a) _____ años. Tengo el pelo (b) _____ y liso y los ojos marrones. Hay (c) _____ personas en mi familia. Mi padre se llama Raúl. Es (d) _____ y guapo. Tiene los ojos marrones y el pelo moreno y (e) _____. Mi madre se llama Lucía. Es bastante (f) _____ y tiene el pelo rubio y rizado. Tiene los ojos (g) _____. Tengo un hermano y una hermana. Mi hermano (h) _____ se llama Juan. Juan tiene (i) _____ años. Es bajo y delgado. Tiene el pelo (j) _____. Mi hermana menor se llama Yolanda. Tiene un año. Tiene el pelo moreno y los ojos marrones. Es muy guapa.

ciento diecisiete **117**

2. Ignacio

(a) ¿Cuántas personas hay en su familia?

(b) ¿Cómo se llama su madre?

(c) ¿Cómo es su padre?

(d) ¿Cuántos años tiene su hermana?

3. Antonia

(a) ¿Cuántos hermanos tiene?

(b) ¿Cómo es su padre?

(c) ¿Cómo es su madre?

> **Student CD Track 32**
>
> **6.6 (B) Joaquín recibe un correo electrónico de Lucía, su nueva amiga por correspondencia. Escucha y rellena los espacios en blanco.** Joaquín receives an email from Lucía, his new pen pal. Listen and fill in the blanks.

De: **lucíaperu.21@hotmail.com**
A: **joaquin.gf@yahoo.es**

Hola Joaquín,

Soy Lucía, tu amiga por correspondencia. Tengo (1) _____ años. Soy (2) _____ y bastante delgada. Tengo el pelo (3) _____ y los ojos verdes. Soy (4) _____. Vivo en una casa en las afueras de Lima, la capital de Perú. Mi (5) _____ es el catorce de abril. Hay cinco personas en mi familia: mi padre, mi madre, mi hermano (6) _____, mi hermana menor y yo. Mi padre se llama (7) _____. Tiene cuarenta y ocho años. Es alto y (8) _____. Tiene el pelo moreno y los ojos (9) _____. Lleva barba y bigote. Es trabajador y muy divertido. Mi madre se llama Rosa. Es bastante (10) _____ y gorda. Tiene el pelo (11) _____ y ondulado y los ojos azules. Es relajada, inteligente y muy simpática. Mi hermano mayor se llama Gonzalo. Tiene (12) _____ años. Es (13) _____ y muy alto. Tiene los ojos (14) _____ como yo. Es activo, deportista y tímido. Mi (15) _____ menor se llama Andrea. Tiene (16) _____ años. Es muy (17) _____ con el pelo castaño y los ojos marrones. Es bastante habladora. Tenemos un perro pequeño que se llama Rocky. ¿Y tú? ¿Cuántos años tienes? ¿Cúando es tu cumpleaños? ¿Cómo es tu familia?

Un saludo. Escríbeme pronto.

Besos,
Lucía

6.6 (C) ¿Qué significa?

1. **Busca en el diccionario el significado de estos adjetivos que aparecen en el correo electrónico de Lucía.** Use a dictionary to find the meanings of the following adjectives from Lucía's email. (Remember the dictionary skills you learned in Section 4.1.)

   (a) trabajador _____

   (b) deportista _____

   (c) divertido _____

   (d) inteligente _____

   (e) simpático _____

   (f) tímido _____

   (g) hablador _____

   (h) relajado _____

   (i) activo _____

2. **Usa el diccionario para emparejar los contrarios.** Use a dictionary to match the opposites.

rubio	antipático
trabajador	pequeño
serio	estúpido
inteligente	bajo
largo	tímido
hablador	aburrido
feo	perezoso
grande	moreno
simpático	divertido
alto	corto
interesante	guapo

ciento diecinueve

6.6 (D) Más sobre los adjetivos. More about adjectives.

- Remember that in Section 6.5 (A) we learned how adjectives ending in –o, such as *gordo*, change the ending to –a, –os or –as, depending on whether the noun is masculine or feminine, singular or plural.
- Adjectives ending in –e, such as *grande*, are the same in masculine and feminine form. Both add –s for plural.
- Ejemplos:
  - *un perro grande*   *una casa grande*
  - *dos perros grandes*   *dos casas grandes*
- Adjectives ending in –or, such as *trabajador* and *hablador*, add –a in the feminine form. The masculine plural form of these adjectives ends in –es, while the feminine plural form ends in –as.
- Ejemplos:
  - *Mi padre es trabajador.*   *Mi madre es trabajadora.*
  - *Mis hermanos son trabajadores.*   *Mis hermanas son trabajadoras.*
- Adjectives ending in –ista, such as *deportista*, have no separate masculine and feminine form.
- Ejemplos:
  - *Mi hermano es deportista.*   *Mi hermana es deportista.*
  - *Mis primos son deportistas.*   *Mis primas son deportistas.*

6.6 (E) Descripciones: ¿Cuál es el adjetivo adecuado? Circle the correct adjective.

(a) Las chicas son *hablador, habladora, habladores, habladoras*

(b) Irene es *simpático, simpática, simpáticos, simpáticas*

(c) Mis primos son *trabajador, trabajadora, trabajadores, trabajadoras*

(d) Mis abuelos son *habladoras, deportistas, altas, morenas*

(e) Mi hermano es *inteligente, rubia, serios, delgadas*

(f) Lucía es *delgadas, trabajador, moreno, interesante*

(g) Mis hermanas son *deportista, tímidos, inteligentes, habladores*

(h) Antonio es *antipática, trabajadoras, habladora, deportista*

Unidad 6 ¡Te presento a mi familia!

6.6 (F) Contesta al correo de Lucía que aparece en la sección 6.6 (B). Reply to Lucía's email from section 6.6 (B). Tell her your age and describe yourself. Tell her about your family: include the names, ages and descriptions of your family members.

6.6 (G) Empareja las preguntas con las respuestas. Match the questions to the corresponding answers.

Ejemplo: (e) ¿Cómo te llamas?   9. Me llamo Katie

(a) ¿Cuántas personas hay en tu familia?
(b) ¿Cómo eres de carácter?
(c) ¿Cuándo es tu cumpleaños?
(d) ¿Dónde vives?
(e) ¿Cómo te llamas?
(f) ¿Cómo eres físicamente?
(g) ¿Cuántos años tienes?
(h) ¿Cómo es tu pelo?
(i) ¿Tienes hermanos?
(j) ¿De qué color son tus ojos?
(k) ¿Cómo se llaman tus hermanos?
(l) ¿Cómo es tu hermana?

1. Mi cumpleaños es el veintisiete de octubre.
2. Tengo los ojos azules.
3. Vivo en Cork.
4. Soy tímida, simpática y bastante deportista.
5. Sí. Tengo dos hermanos y una hermana.
6. Mis hermanos se llaman Mary y Stephan.
7. Hay cuatro personas en mi familia.
8. Tengo quince años.
9. Me llamo Katie.
10. Tengo el pelo castaño y corto.
11. Soy muy baja y delgada.
12. Mi hermana es pelirroja. Es muy habladora.

6.6 (H) Entrevista a tu compañero/a. Interview your partner. Use the questions above. Record your interviews with a smartphone or tablet. In groups of four, watch or listen to your interviews to correct each other's work. Which questions did everybody find easy to answer? Which questions did everybody find difficult to answer? Why? What did everybody find difficult (e.g. verb endings, adjective agreements)?

Student CD
Tracks 33–34

6.6 (I) Escucha y contesta en inglés. Listen and answer in English.

1. **Santiago**
(a) How does Santiago describe his mother?
(b) What does he tell us about his sister Sara?
(c) How old is Santiago's brother?
(d) What colour are his brother's eyes?

2. **Ana**
(a) How many people are in Ana's family?
(b) How does Ana describe her father?
(c) Who wears glasses in the family?
(d) How does Ana describe her younger brother?

ciento veintiuno

6.6 (J) Haz una presentación sobre tu familia para tus compañeros de clase.
Make a presentation to the class about your family. Bring in a photo! Use the questions below to help you speak about your family.

- ¿Cuántas personas hay en tu familia?
- ¿Cómo se llaman?
- ¿Cómo son? (¿altos o bajos? ¿habladores o tímidos? ¿morenos o rubios?)
- ¿Cuántos años tienen?

6.7 La familia real española

Esta es la familia real de España. El rey de España se llama Felipe VI. Su esposa, la reina, se llama Letizia. Felipe y Letizia tienen dos hijas. La mayor se llama Leonor, princesa de Asturias. La hermana menor se llama Sofía. La familia vive en el Palacio de La Zarzuela en el norte de Madrid. Los abuelos de Leonor y Sofía son los reyes Juan Carlos I y Sofía. Juan Carlos y Sofía también viven en La Zarzuela. La princesa Leonor tiene un perro. El perro es un labrador.

El Palacio de La Zarzuela

Unidad 6 ¡Te presento a mi familia!

¿Cómo se dice en inglés?

el rey _____   la princesa _____

la reina _____   el príncipe _____

6.7 (A) Mira la foto de la familia real española en la página anterior y escribe una descripción física de todos los miembros de la familia. Look at the photo of the Spanish royal family on the previous page and write a description of each of the family members.

6.8 ¿Tienes mascotas?

Joaquín: Ya conoces a toda mi familia.

Michael: Tus padres son muy simpáticos. ¿Tienes mascota?

Joaquín: No. No tenemos animales en casa. ¿Y tú?

Michael: Sí. Tengo tres perros.

Joaquín: ¿Cómo se llaman tus perros?

Michael: Mis perros se llaman Rover, Patch y Spot.

Michael tiene tres *perros*. La princesa Leonor tiene *un perro* también. Es un labrador.

¿Qué significa *perro*?

Watch the slideshow for PowerPoint 6(b) on pets.

ciento veintitrés **123**

¿Qué Pasa? 1

6.8 (A) Pon la palabra adecuada con cada dibujo. Label the images with one of the following words.

| un perro | una serpiente | un hámster | un ratón | una tortuga | un gato |

Los animales domésticos

12
_____

1
un conejo

2
_____

11
un pez

3
_____

10
un caballo

Tengo...

4
una cobaya

9
_____

5
un pájaro

8
_____

7
un pato

6
_____

124 ciento veinticuatro

Unidad 6 ¡Te presento a mi familia!

Teacher CD
Track 26

Escucha y repite. Verifica tus respuestas. Listen and repeat. Check your answers.

Student CD
Track 35

6.8 (B) ¿Tienes mascotas? Escucha y escribe las respuestas en inglés. Do you have pets? Listen and write the answers in English.

Ejemplo: *¿Tienes mascotas, Jorge? Sí, tengo un pájaro y dos conejos.*

Name	Jorge	Marta	Raúl	María	Antonio	Yolanda	Tomás	Irene
Pets	*1 bird, 2 rabbits*							

6.8 (C) Diego tiene una mascota. Pon las letras en orden para saber qué animal es. Diego has a pet. Figure out what animal it is by unscrambling each of the clue words below. Unscramble the letters in the highlighted boxes to reveal Diego's pet.

1. GOAT
2. REPRO
3. ZEP
4. TOAP
5. OLBALAC
6. GOATURT
7. RAJOPÁ
8. RENSETPIE

Diego tiene un _____

ciento veinticinco

Teacher CD Track 27

6.8 (D) ¿Tienes mascotas? Escucha la conversación y después habla con tu compañero/a. Listen to the conversation below, then ask your partner about his/her pet.

David: ¿Tienes mascotas?

Irene: Sí, tengo un perro.

David: ¿Cómo se llama tu perro?

Irene: Mi perro se llama Bruno.

David: ¿Cuántos años tiene?

Irene: Tiene cuatro años. ¿Y tú? ¿Tienes mascotas?

David: Sí, me gustan los animales. Tengo dos gatos y un pez.

Irene: ¿Cómo se llaman?

David: Los gatos se llaman Pachi y Tintín y el pez se llama Tiburón.

6.8 (E) Trabaja con tu compañero/a. Escribe un diálogo. Work with your partner to write a dialogue similar to the one above.

6.8 (F) Escribe el adjetivo posesivo correcto. Fill in the correct possessive adjective.

Gilberto e Ignacio tienen:

Vosotros tenéis:

Felipe tiene:

Sara y yo tenemos:

Ejemplo: Son *vuestros* conejos (porque los conejos son de vosotros)

1. Son _____ pájaros (son de Felipe)
2. Es _____ pato (es de nosotros)
3. Es _____ gato
4. Son _____ tortugas
5. Son _____ serpientes
6. Es _____ caballo
7. Son _____ perros
8. Es _____ pez

6.8 (G) Haz una presentación sobre tu mascota para tus compañeros de clase. Make a presentation to the class about your pet. Bring in a photo! Use the questions below to help you speak about your pet. No pets? Talk about your cousin's or grandmother's or neighbour's pet!

- ¿Qué animal es?
- ¿Cómo se llama?
- ¿Cómo es? ¿Grande o pequeño? ¿De qué color es?
- ¿Cuántos años tiene?

6.9 ¡Practicamos!

6.9 (A) Lee y contesta a las preguntas. Read the texts and answer the questions.

1 Una de las personas más conocidas de España es Letizia Ortiz, la reina de España. Era periodista y presentadora de profesión antes de casarse con su esposo Felipe VI.

Leticia nació el quince de septiembre de 1972 en Oviedo. Es bastante baja, tiene el pelo castaño y los ojos verdes y es muy delgada. Tiene dos hermanas menores. Se llaman Telma y Érika. Licenciada por la Universidad Complutense de Madrid, Letizia estudió periodismo. Trabajó como presentadora de TVE (Televisión Española). Presentó el telediario matinal y durante sus años en TVE Letizia trabajó de reportera en Washington y Nueva York.

Contesta en inglés. Answer in English.

(a) Describe Letizia's physical appearance (give two details).
(b) What is her date of birth?
(c) How many brothers and sisters does she have?
(d) In which city did Letizia go to university to study journalism?
(e) What American cities did she report from?

2 Pablo Ruiz Picasso nació en Málaga el veinticinco de octubre de 1881. Fue un pintor y escultor famoso. Es considerado uno de los mejores pintores del siglo XX y tuvo gran influencia en otros artistas de su tiempo.

Su hija Paloma Picasso es famosa también. Paloma nació en Francia en 1949. Es conocida como diseñadora de moda. Hace joyas, perfumes y gafas de sol.

Contesta en inglés. Answer in English.

(a) What was the artist Pablo Picasso's date of birth?
(b) How is Paloma Picasso related to Pablo?
(c) In what country was Paloma Picasso born?
(d) What does she make? (Use your dictionary.)

Unidad 6 ¡Te presento a mi familia!

3 ¡Hola! Me llamo Claudia. Soy mexicana, de Monterrey. Tengo dieciocho años. Mi cumpleaños es el veinte de diciembre. Soy alta y morena con los ojos marrones. Soy la mediana de mi familia. Tengo dos hermanos. Mi hermano mayor se llama Daniel y mi hermano menor se llama Pepe. Mi padre es profesor. En mi tiempo libre me gusta jugar al fútbol y hacer footing. Mi animal preferido es el caballo.

Contesta en español. Answer in Spanish.

(a) ¿Cuántos años tiene Claudia?
(b) ¿Cómo es Claudia?
(c) ¿Cuál es su animal preferido?
(d) ¿Cómo se dice *soy la mediana de mi familia* en inglés?

6.9 (B) Rellena el crucigrama. Fill in the crossword.

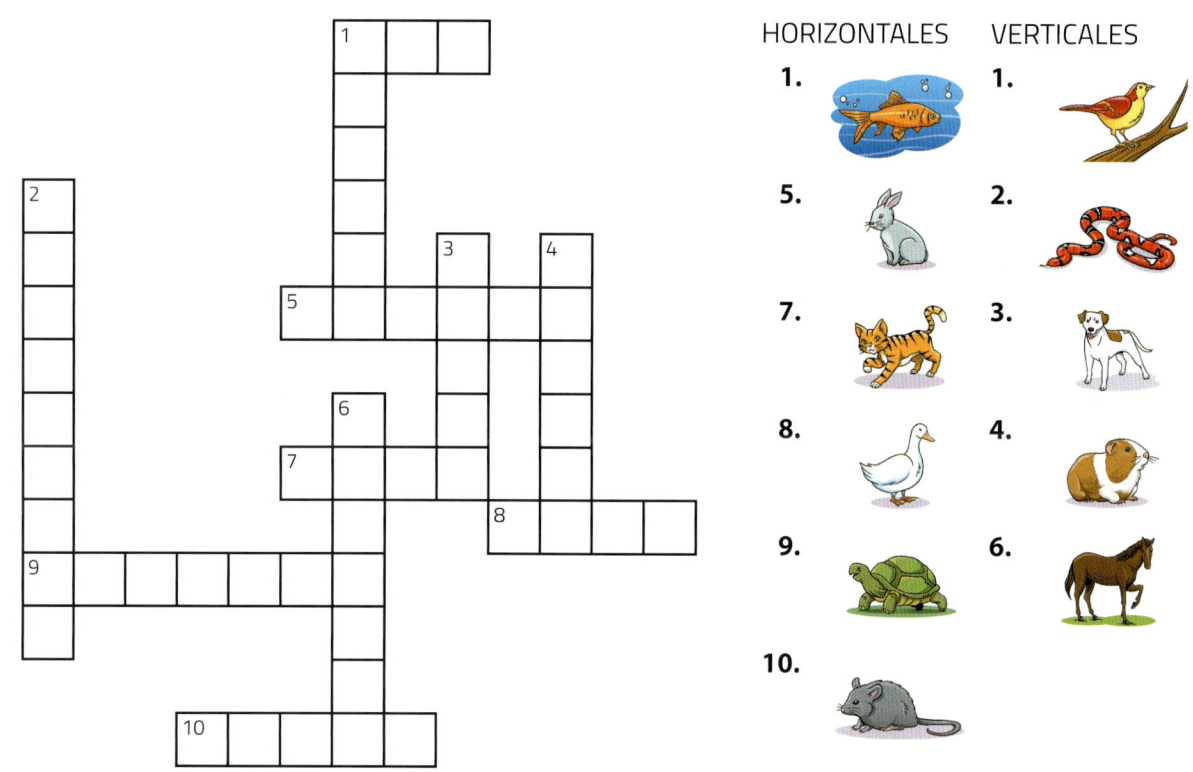

HORIZONTALES
1. (fish)
5. (rabbit)
7. (cat)
8. (duck)
9. (tortoise)
10. (mouse)

VERTICALES
1. (bird)
2. (snake)
3. (dog)
4. (guinea pig)
6. (horse)

ciento veintinueve **129**

6.9 (C) Rellena el párrafo con las palabras del recuadro. Fill in the paragraph with the words in the box.

ojos	castaño	es
pelo	mascotas	mi
divertido	tiene	se
habladora	vivo	
quince	el	

¡Hola chicos! Soy Diego. Tengo (a) _____ años. (b) _____ en Valladolid. Hay cuatro personas en mi familia. Mi padre (c) _____ llama José. (d) _____ cuarenta y ocho años. Es alto y guapo. Tiene (e) _____ pelo negro y los ojos marrones. Es muy trabajador. (f) _____ madre se llama Teresa. Tiene el pelo (g) _____ y los (h) _____ azules. (i) _____ baja y delgada. Es simpática y (j) _____. Mi hermano se llama Jaime. Es menor que yo. Tiene trece años. Jaime tiene el (k) _____ moreno y los ojos verdes. Es inteligente, deportista y (l) _____. Tenemos dos (m) _____, un perro y un conejo.

6.9 (D) Escribe las preguntas que corresponden a estas respuestas. Write the questions for these answers.

Ejemplo: Me llamo Vicky. *¿Cómo te llamas?*

1. Sí. Tengo dos gatos y un pez.
2. Soy alto y gordo. Tengo los ojos verdes y el pelo rubio.
3. Somos tres en mi familia.
4. No. No tengo hermanos.
5. Mi abuela se llama María.
6. Mi cumpleaños es el veinte de mayo.

Unidad 6 ¡Te presento a mi familia!

6.9 (E) Descripciones: ¿Cuál es el adjetivo adecuado? Circle the correct adjective.

(a) Mi hermana es *alto, alta, altos, altas*

(b) Tus primos son *pelirrojo, pelirroja, pelirrojos, pelirrojas*

(c) Su abuelo es *bajo, baja, bajos, bajas*

(d) *Nuestro, nuestra, nuestros, nuestras* padres son *gordo, gorda, gordos, gordas*

(e) Mi tía es *trabajador, trabajadora, trabajadores, trabajadoras*

(f) *Tu, tus* sobrinas son *delgado, delgada, delgados, delgadas*

(g) *Vuestro, vuestra, vuestros, vuestras* hijo es *rubio, rubia, rubios, rubias*

(h) Mis hermanos son *hablador, habladora, habladores, habladoras*

Página 54

6.9 (F) ¡Así soy yo! Rellena tu perfil en tu diario de aprendizaje. Fill in your profile in your learning diary.

Página 55

6.9 (G) Haz una encuesta entre tus compañeros de clase y anota los resultados en tu diario de aprendizaje. Carry out a class survey and note the results in your learning diary.

Student CD
Tracks 36–37

6.9 (H) Las familias de Miguel y Laura: Escucha y contesta a las preguntas. Listen to the descriptions of Miguel's and Laura's families and answer the questions.

Miguel
Contesta en español. Answer in Spanish.

1. ¿Cómo es el padre de Miguel?
2. ¿Cómo se llama su madre?
3. ¿Cuántos hermanos tiene?
4. ¿Cuántos años tiene Jorge?
5. ¿Cómo es Mercedes?
6. ¿Tiene mascotas?

Laura
Contesta en inglés. Answer in English.

1. How old is Laura?
2. How does she describe herself?
3. How many brothers and sisters does she have?
4. How does she describe her mother?
5. How does she describe Enrique and Adrián?
6. What animal does Adrián have as a pet?

ciento treinta y uno

Unidad 6 ¡Ponte a prueba!

Página 59

Watch the video for Unidad 6.

Ordena tus conocimientos de la unidad 6 y ponte a prueba en tu diario de aprendizaje.
In your learning diary, sort your learning from Unit 6 and test yourself to see what you have learned.

¿Qué he aprendido en la unidad 6?

	🙂	😐	☹️
I can describe myself			
I can describe my family			
I can ask someone about their family and pets			
I can count up to 100			
I recognise the Spanish royal family			
I understand and can use possessive adjectives			
I can say what pets I have and describe them			

ciento treinta y dos

UNIDAD 7

¡Vamos al instituto!

By the end of this unit, you will be able to:

- Discuss your school and subjects
- Tell the time and ask for the time
- Name different items in the classroom and in your schoolbag
- Say what colour something is
- Say what subjects you study
- Recognise the flags of the Spanish-speaking world
- Write a description of your school

Go to **www.edco.ie/quepasa1** for interactive activities and quizzes based on this unit.

Did you know that Miguel de Cervantes's *Don Quixote* is considered to be the first modern novel? It was written in 1605.

ciento treinta y tres

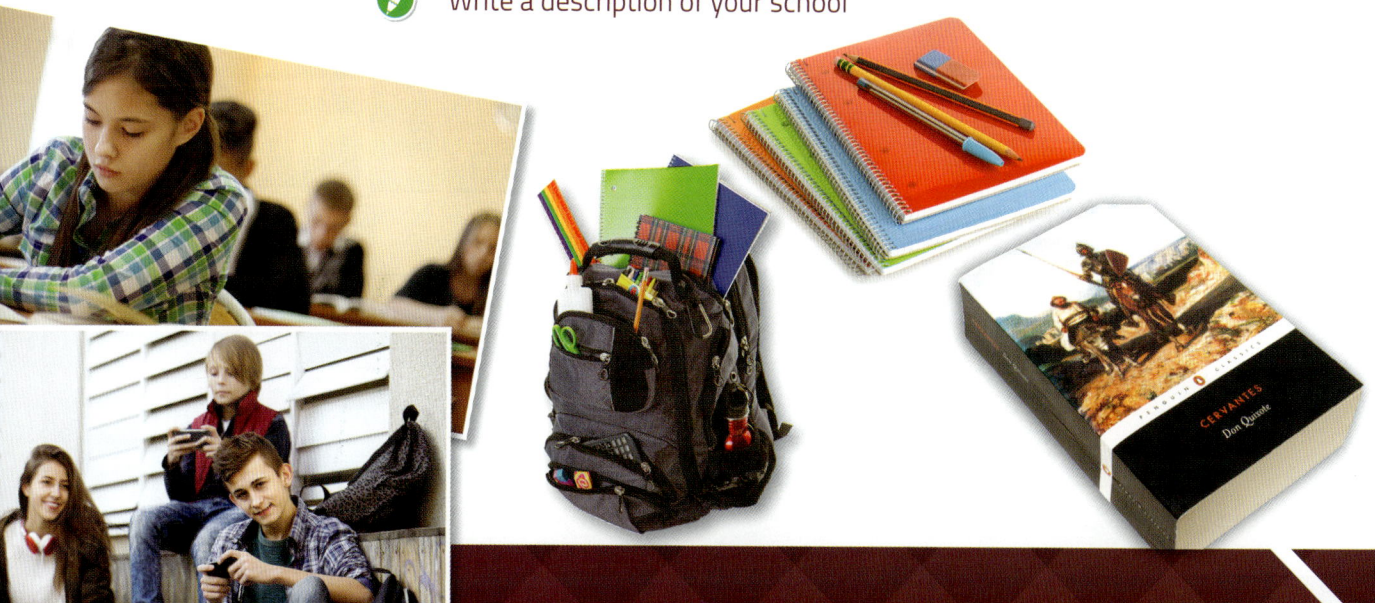

7.1 ¿Cómo es tu instituto?

Teacher CD Track 28

¡Hola chicos! Voy al instituto Las Lomas de Madrid. En España, los institutos son mixtos, con chicos y chicas. Hay unos 700 alumnos y sesenta profesores. Es un edificio de dos plantas. Abajo hay un gimnasio, un comedor, dos laboratorios de ciencias, la sala de profesores y muchas aulas. Arriba hay más aulas, una sala de arte, dos salas de ordenadores, una biblioteca, la oficina del director y la oficina de la profesora de orientación profesional. En general los profesores son simpáticos pero algunos son muy estrictos. Tenemos muchas instalaciones deportivas, por ejemplo, dos campos de fútbol, una piscina cubierta, dos canchas de baloncesto y cuatro canchas de tenis. El instituto ofrece muchas actividades extraescolares como: un club de ajedrez, y clases de baile moderno y artes marciales.

7.1 (A) Lee otra vez la descripción del instituto de Joaquín y etiqueta el dibujo.
Reread Joaquín's description of his school and label the illustration.

134 ciento treinta y cuatro

Unidad 7 ¡Vamos al instituto!

Student CD Track 38

7.1 (B) Nuria describe su instituto. Escucha y contesta en inglés. Nuria describes her school. Listen and answer in English.

(a) Apart from classrooms, name two rooms that are downstairs in the school.
(b) Name two rooms that are upstairs in the school.
(c) What sports facilities does the school have?
(d) How many teachers are in the school?
(e) What are the teachers like?

7.1 (C) Conecta las preguntas con las respuestas. Match the questions to the answers.

1. ¿Cómo se llama tu instituto?
2. ¿Dónde está?
3. ¿Cómo es tu instituto?
4. ¿Es un instituto mixto?
5. ¿Cómo son los profesores?
6. ¿Qué hay en la planta baja?
7. ¿Qué hay en la primera planta?
8. ¿Hay buenas instalaciones deportivas?
9. ¿Hay muchas actividades extraescolares?

(a) Algunos son simpáticos pero otros son estrictos.
(b) Es moderno y bastante grande.
(c) Hay un coro, talleres de teatro y música y clubes de astronomía, ajedrez y fotografía.
(d) Se llama Instituto Ignacio de Oviedo.
(e) Arriba hay dos bibliotecas, tres salas de ordenadores con red wifi y una sala de arte.
(f) Está a unos tres kilómetros del centro de Oviedo.
(g) Sí. Hay dos campos de fútbol, un polideportivo con vestuarios, una cancha de baloncesto y una cancha de voleibol.
(h) Sí hay chicos y chicas en mi clase.
(i) Abajo hay muchas aulas, la sala de profesores, el aula de música, cinco laboratorios de ciencias, el comedor y un gran salón de actos.

Busca las palabras subrayadas en el diccionario. Look up the underlined words in your dictionary.

ciento treinta y cinco

> *Aula* is a feminine word (*unas aulas*, *muchas aulas*). However, we use *el* instead of *la* with *aula* because it begins with a stressed *a*.

Página 63

7.1 (D) Escribe una descripción de tu instituto en tu diario de aprendizaje. Write a description of your school in your learning diary.

7.1 (E) Lee el texto sobre el sistema educativo en España. Read the text about the education system in Spain.

Curso		Años
EDUCACIÓN INFANTIL		
Primer ciclo		0–3
Segundo ciclo		3–6
EDUCACIÓN PRIMARIA		
1º	Primer ciclo	6–7
2º		7–8
3º	Segundo ciclo	8–9
4º		9–10
5º	Tercer ciclo	10–11
6º		11–12
ESO (EDUCACIÓN SECUNDARIA OBLIGATORIA)		
1º		12–13
2º		13–14
3º		14–15
4º		15–16
BACHILLERATO		
1º		16–17
2º		17–18

Estoy en 2º de ESO.

In Spain, children must attend school from the ages of 6 to 16. Many parents choose to send their children to a preschool before primary school; however, this is not compulsory. Children can attend a state-run primary school (*escuela primaria*) and secondary school (*instituto*) without paying fees or parents may opt to send their child to a private primary or secondary school (*colegio*). In Spain, the difference between a *colegio* and *instituto* at secondary level is the type of education provided. A *colegio* is private and most are mixed nowadays. An *instituto* is public and always mixed.

After completing ESO (*Educación Secundaria Obligatoria*), students have the option to remain in school for two more years to complete *el Bachillerato* (similar to the Leaving Certificate). If students want to continue on to university, they must sit an entrance exam called *la Selectividad*.

¿Qué Pasa? 1

7.2 Esta es mi aula

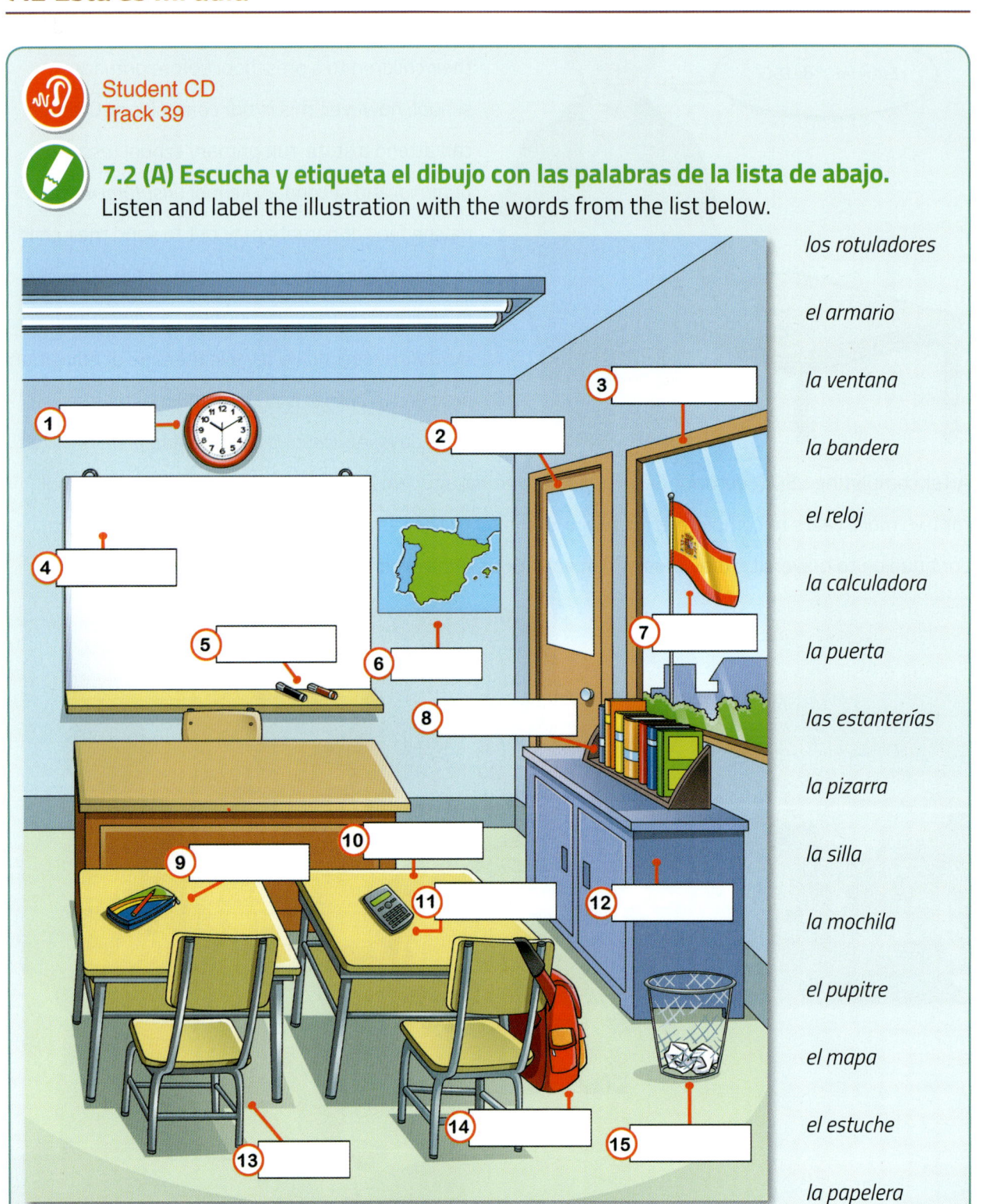

**Student CD
Track 39**

7.2 (A) Escucha y etiqueta el dibujo con las palabras de la lista de abajo.
Listen and label the illustration with the words from the list below.

los rotuladores

el armario

la ventana

la bandera

el reloj

la calculadora

la puerta

las estanterías

la pizarra

la silla

la mochila

el pupitre

el mapa

el estuche

la papelera

138 ciento treinta y ocho

7.2 (B) Escucha otra vez y repite las palabras. Listen again and repeat the words.

Watch the slideshow for PowerPoint 7(a) on classroom items.

7.2 (C) Los adjetivos demostrativos

Did you notice the title of this section? *Esta es mi aula* (This is my classroom). In Spanish, there are different ways of saying *this* and *these*, depending on whether the noun that follows is masculine or feminine.

- **este** colegio — this school
- **esta** clase — this class
- **estos** colegios — these schools
- **estas** clases — these classes

Esto is a demonstrative pronoun used to refer to unknown objects. It does not change for number or gender:

¿Qué es esto? What is this?

7.2 (D) Rellena los espacios con *este/esta/estos/estas*. Fill in the blanks with *este/esta/estos/estas*.

(a) _esta_ silla
(b) _____ pupitre
(c) _____ puertas
(d) _____ armario
(e) _____ ordenadores
(f) _____ ventana
(g) _____ estanterías
(h) _____ pizarra
(i) _____ reloj
(j) _____ mapas
(k) _____ sillas
(l) _____ papelera

7.2 (E) ¿Qué es esto? Escribe las frases en tu cuaderno. What is this? Write sentences in your copy.

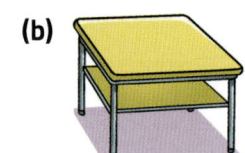

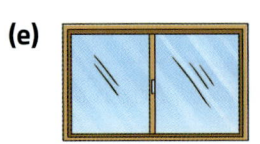

(a) Es una silla.

(b)

(c)

(d)

(e)

(f)

(g)

(h)

(i)

(j)

7.2 (F) Señala cuatro objetos que tengas en tu mochila o en la clase y pregunta a tu compañero/a: ¿Qué es esto? Work in pairs. Point to four items in your classroom or schoolbag and ask your partner the question *¿Qué es esto? What is this?* Your partner tries to identify the items in Spanish. If there is something you don't know the Spanish word for, use a dictionary to find the new word!

Ejemplo: *¿Qué es esto?   Es un reloj.*

7.2 (G) ¿Qué hay en el aula? Lee la descripción y dibuja el aula en tu cuaderno. What's in the classroom? Read the description and draw the classroom in your copy.

En el aula hay seis pupitres y seis sillas para los alumnos y un pupitre grande para el profesor. Para entrar en el aula hay una puerta. También hay tres ventanas. En la pared hay un reloj y unas estanterías con muchos libros. Hay también dos mapas en la pared, un mapa de España y un mapa de Europa. Hay tres ordenadores en el aula y dos armarios grandes.

7.3 ¿Qué hay en tu mochila?

7.3 (A) Lee el texto y contesta a las preguntas en español. Read the text and answer the questions in Spanish.

Joaquín va al colegio con Michael, su amigo irlandés. En la mochila de Joaquín hay ocho libros, seis cuadernos, dos carpetas y un estuche. En su estuche tiene tres rotuladores, dos lápices, una goma y una regla. No tiene ni sacapuntas ni calculadora. Michael lleva una mochila también. En su mochila tiene una carpeta, tres cuadernos, dos libros, una calculadora y un estuche. Hay un lápiz, un boli azul, un sacapuntas y una goma en su estuche.

(a) ¿Qué hay en la mochila de Joaquín?
(b) ¿Qué hay en el estuche de Joaquín?
(c) ¿Qué hay en la mochila de Michael?
(d) ¿Qué hay en el estuche de Michael?

Student CD Track 40

7.3 (B) Escucha y contesta a las preguntas en español. Listen and answer the questions in Spanish.

(a) ¿Cuántos libros hay en la mochila de Alba?
(b) ¿Cuántos cuadernos hay en la mochila de Irene?
(c) ¿Qué hay en el estuche de Jorge?
(d) ¿Qué hay en el estuche de Javi?
(e) ¿Cuántas reglas tiene Santi en su estuche?
(f) ¿Qué hay en la mochila de Pilar?
(g) ¿Cuántos cuadernos hay en la mochila de Lucía?

Student CD Track 41

7.3 (C) ¿Qué hay en tu mochila? Escucha y rellena el cuadro en español. What's in your schoolbag? Listen and fill in the table in Spanish.

TOMÁS	ISABEL	MAGDALENA	DAVID
3 libros			

ciento cuarenta y uno

7.3 (D) Lee el anuncio y contesta a las preguntas en español. Read the advertisement and answer the questions in Spanish.

Papelería Urbano
c/Reyes Católicos 68, Madrid

¡Súper ofertas!
Descuentos hasta el 60%
30 productos con descuento

● Ofertas mes de abril–mayo ●

Bolígrafos Bic 0,20€
Caja 50 ud. Bolis Bic 9,99€
Calculadoras Casio 7€
Gomas 0,50€
Cuadernos 1€
Mochilas desde 10€
Estuches desde 3€

Fotocopias e impresiones desde 0,03€

(a) ¿Cómo se llama la papelería?
(b) ¿En qué ciudad está?
(c) ¿Durante qué meses hay ofertas?
(d) ¿Cuál es el precio total de una calculadora, un estuche y dos bolis?
(e) ¿Cuál es el precio total de un cuaderno y una goma?
(f) ¿Cuál es el número de productos con descuentos?

7.4 Los colores

Mira esta frase del ejercicio 7.3 (A)… Michael tiene «*un lápiz, un boli **azul**, un sacapuntas y una goma en su estuche*». Azul es el color del bolígrafo.

7.4 (A) Rellena los espacios con los colores. Fill in the blanks with these colours.

| azul | gris | negro | rojo | verde |

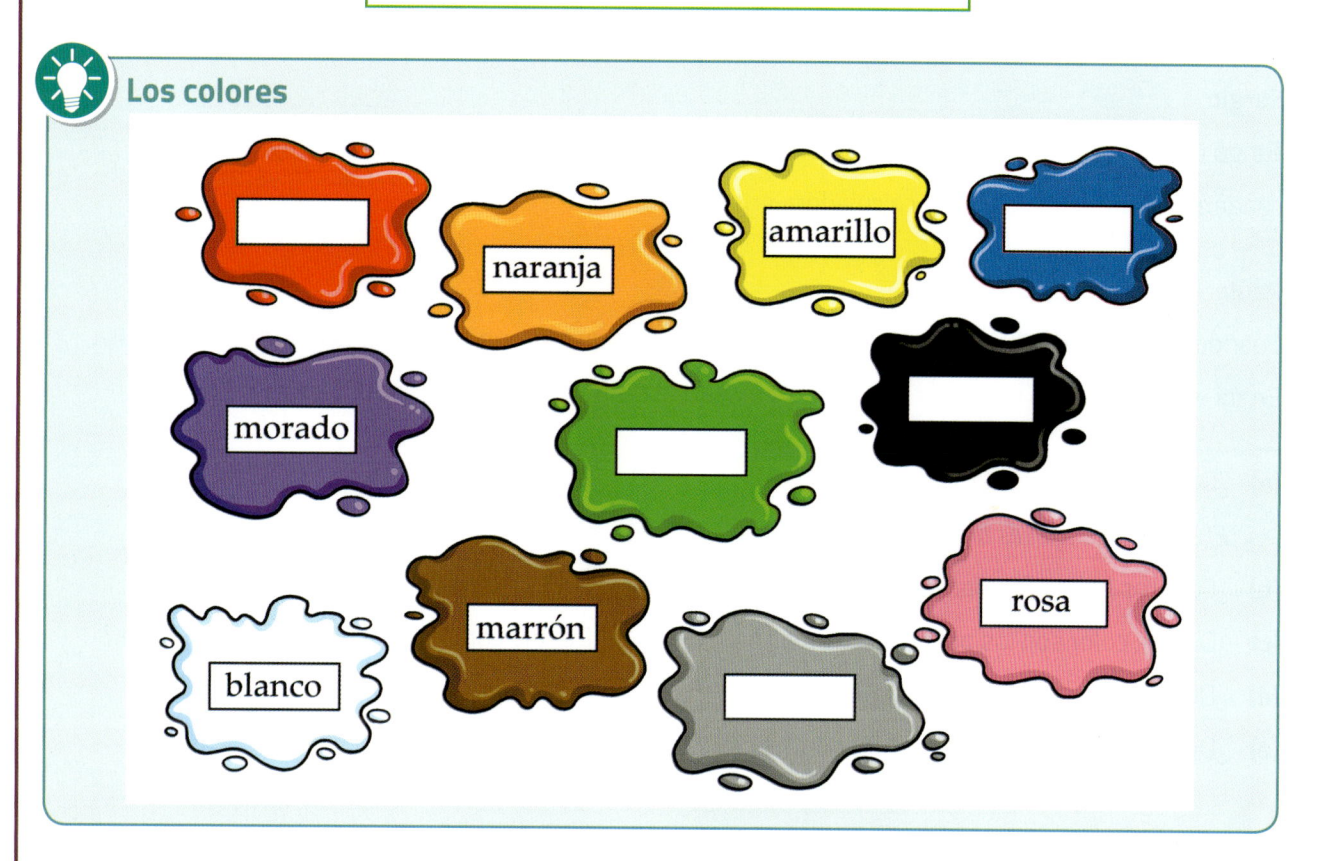

Los colores

- naranja
- amarillo
- morado
- rosa
- marrón
- blanco

7.4 (B) Escucha a tu profesor/a y repite los colores. Listen to your teacher and repeat the colours.

Página 64

7.4 (C) Pinta los colores en tu diario de aprendizaje. Colour in the colours in your learning diary.

ciento cuarenta y tres

7.4 (D) Lee los textos y contesta a las preguntas en español. Read the texts and answer the questions in Spanish.

Iván

Yo tengo un estuche blanco y gris. En mi estuche hay dos bolígrafos: un boli rojo y un boli azul. También hay una goma amarilla y una regla verde.

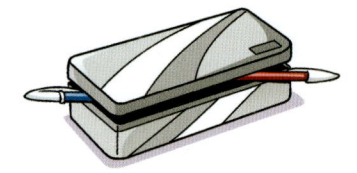

Alejandra

Voy al colegio con mi mochila roja. En la mochila hay un estuche morado, tres cuadernos blancos, un rotulador rojo y una carpeta azul.

Sergio

Tengo una mochila negra. En mi mochila hay tres lápices verdes, cuatro bolígrafos negros y unos cuadernos. También tengo una calculadora gris.

Paula

Cuando voy al colegio llevo mi mochila blanca. Tengo tres cuadernos grises y dos libros en la mochila. En mi estuche hay un rotulador azul y dos lápices. No tengo ni goma ni sacapuntas.

(a) ¿De qué color es el estuche de Iván?
El estuche de Iván es blanco y gris
(b) ¿Cuántos bolígrafos tiene Iván?
(c) ¿De qué color son los bolígrafos de Iván?
(d) ¿De qué color es el estuche de Alejandra?
(e) ¿De qué color es la carpeta de Alejandra?
(f) ¿Cuántos cuadernos tiene Alejandra?
(g) ¿Qué hay en la mochila de Sergio?
(h) ¿Cuántos lápices tiene Sergio?
(i) ¿De qué color son los cuadernos de Paula?
(j) ¿Qué hay en el estuche de Paula?

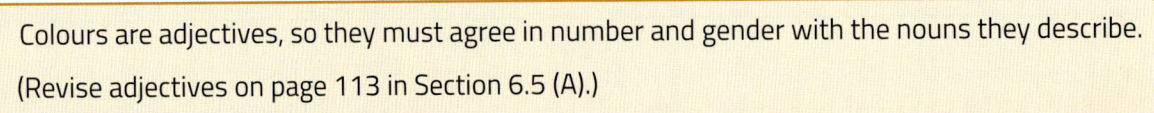

Colours are adjectives, so they must agree in number and gender with the nouns they describe. (Revise adjectives on page 113 in Section 6.5 (A).)

- el bolígrafo roj**o**
- la goma roj**a**
- los estuches negr**os**
- las mochilas negr**as**

Naranja and *rosa* never change their endings:

- el cuaderno naranj**a**
- los cuadernos naranj**a**

Unidad 7 ¡Vamos al instituto!

7.4 (E) Describe lo que hay en el aula, en tu mochila y en tu estuche. Escribe seis frases en tu cuaderno.
Describe what is in your classroom, your schoolbag and your pencil case. Write six sentences in your copy.

Ejemplo: *Tengo un bolígrafo rojo, una regla amarilla y tres rotuladores en mi estuche.*

7.4 (F) ¡Matemáticas con los colores! Colour maths!

(a) blanco + negro = *gris*   (c) azul + amarillo =   (e) amarillo + rojo =
(b) rojo + azul =   (d) rojo + blanco =

Student CD
Track 42

7.4 (G) Escucha y rellena el cuadro en inglés. Listen and fill in the table in English.

	COLOUR	ITEM			COLOUR	ITEM
(a)	red	pencil case	(f)			
(b)			(g)			
(c)			(h)			
(d)			(i)			
(e)						

7.4 (H) ¿Qué significan los colores de la bandera de México? What do the colours of the Mexican flag symbolise?

The Mexican flag is a tricolour of green, white and red with a coat of arms in the centre. The coat of arms shows an eagle perched on a nopal cactus and holding a rattlesnake. Below it is a garland of oak and laurel; the laurel is a symbol of victory and the oak is a symbol of strength. According to a legend, the Mexica people believed they should build their city wherever their god Huitzilopochtli would show them a sign of an eagle perched on a nopal cactus. They saw the sign on a small island in the middle of Lake Texcoco and in 1325 they built the great Aztec city of Tenochtitlan across the lake. Tenochtitlan was destroyed by the invading Spanish in 1521 and Mexico City was built on its ruins. On 16 September 1810, a war began that led to Mexico's independence from Spain. The Mexican flag as it is today was officially adopted on 16 September 1968, on Mexican Independence Day. It is now widely agreed that the green in the flag represents hope, the white represents unity and the red represents the blood of Mexican heroes.

ciento cuarenta y cinco

¿Qué Pasa? 1

Página 65

7.4 (I) Pinta las banderas de los países hispanoamericanos en tu diario de aprendizaje.
In your learning diary, colour in the flags of the countries of Spanish America.

7.4 (J) Busca las respuestas en Internet y escríbelas en español.
Use the internet to answer these questions in Spanish. (Revise the vocabulary for countries on page 61 in Section 4.2(A).)

(a) ¿Cuáles son los colores de la bandera de España? *Rojo y amarillo*
(b) ¿Cuáles son los colores de la bandera de Irlanda? _____
(c) ¿Cuáles son los colores de la bandera de Francia? _____
(d) ¿Cuáles son los colores de la bandera de Alemania? _____
(e) ¿Cuáles son los colores de la bandera del Reino Unido? _____
(f) ¿Cuáles son los colores de la bandera de Finlandia? _____

7.4 (K) ¿De qué color son las camisetas? Escribe las respuestas en tu cuaderno.
What colour are the jerseys? Write the sentences in your copy.

(a) *La camiseta del* Real Madrid *es blanca.*

(b) Real Sociedad

(c) Villareal

(d) Atlético Madrid

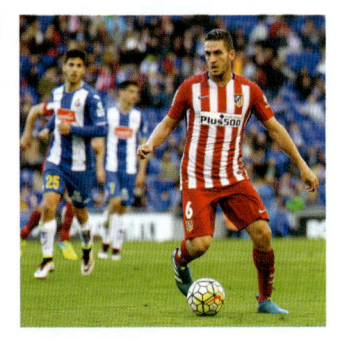

(e) F.C. Barcelona

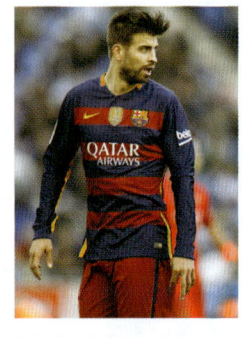

(f) Real Betis

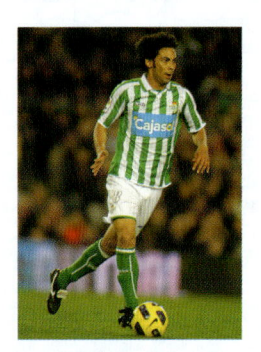

146 ciento cuarenta y seis

7.5 ¿Qué hora es?

"Oye Michael ¿qué hora es?"

"Son las ocho y media."

"¿Son las ocho y media? Tenemos clase de informática a las ocho y media. ¡Vámonos!"

¿Qué significa *¿qué hora es?*? ¿Qué significa *son las ocho y media*? What is the difference between **son** *las ocho y media* and **a** *las ocho y media*?

7.5 (A) La hora

1:00 **Es** la una
2:00 Son las dos
3:00 Son las tres
4:00 Son las cuatro
5:00 Son las cinco
6:00 Son las seis

Clock positions:
- en punto (12)
- y cinco
- y diez
- y cuarto
- y veinte
- y veinticinco
- y media
- menos veinticinco
- menos veinte
- menos cuarto
- menos diez
- menos cinco

Ejemplos:
- 3:05 Son las tres y cinco
- 7:20 Son las siete y veinte
- 1:30 Es la una y media
- 9:45 Son las diez menos cuarto
- 4:50 Son las cinco menos diez

- Note that with times, we always start with the hour followed by *y* (past) or *menos* (to).

ciento cuarenta y siete

¿Qué Pasa? 1

📋 Watch the slideshow for PowerPoint 7(b) on 'time'.

✏️ **7.5 (B) ¿Qué hora es? Escribe la hora en tu cuaderno.** What time is it? Write the times in your copy.

(a)  Son las tres

(b)

(c)

(d)

(e)

(f)

(g)

(h)

(i)

(j)

(k)

(l)

✏️ **7.5 (C) ¿Qué hora es? Dibuja los relojes en tu cuaderno.** What time is it? Draw the clocks in your copy.

(a) Son las doce menos cinco
(b) Es la una y media
(c) Son las cinco y cuarto
(d) Son las diez y veinticinco
(e) Son las cuatro menos diez
(f) Son las siete y diez
(g) Son las dos menos veinte
(h) Son las ocho menos cuarto
(i) Son las once y cinco
(j) Son las seis menos veinticinco

148 ▸ ciento cuarenta y ocho

Unidad 7 ¡Vamos al instituto!

7.5 (D) ¿Qué hora es? Escribe las frases en español. What time is it? Write the sentences in Spanish.

(a) 4:20 *Son las cuatro y veinte*
(b) 11:15 ___
(c) 1:55 ___
(d) 8:30 ___
(e) 2:25 ___
(f) 7:40 ___
(g) 12:35 ___
(h) 6:10 ___
(i) 3:05 ___
(j) 10:50 ___
(k) 5:00 ___
(l) 9:45 ___

Student CD
Track 43

7.5 (E) ¿Qué hora es? Escucha y escribe las horas en tu cuaderno. What time is it? Listen and write the times in your copy.

Ejemplo: (a) *Son las siete y media de la tarde* - 7:30pm

ciento cuarenta y nueve **149**

7.5 (F) Lee el horario de trenes y contesta a las preguntas. Read the train timetable and answer the questions.

MADRID-SEGOVIA-VALLADOLID

DÍAS	MADRID	SEGOVIA	VALLADOLID
LMXJV	08:35	09:06	09:45
SD	10:30	11:01	11:40
LMXJV	11:15	11:46	
SD	12:00	12:31	
LMXJVSD	15:30	16:01	16:40
LMXJVSD	17:30	18:00	
LMXJVSD	19:15	19:46	20:25
LMXJV	20:00	20:31	
LMXJVSD	21:00	21:31	22:10

VALLADOLID-SEGOVIA-MADRID

DÍAS	VALLADOLID	SEGOVIA	MADRID
LMXJV	06:45	07:23	07:55
LMXJV		07:00	07:32
LMXJV		08:00	08:32
SD		09:05	09:37
LMXJVSD	09:20	09:58	10:30
LMXJVSD	15:30	16:08	16:40
LMXJVSD		18:20	18:52
LMXJVSD	19:35	20:13	20:45
VSD	20:30	21:08	21:40

¿Verdadero o falso? True or false?

(a) El tren que sale de Madrid a las diez y media de la mañana no sale los lunes.

(b) El tren que sale de Madrid a las ocho de la noche no va hasta Valladolid.

(c) El tren que sale de Madrid a las nueve de la noche llega a Valladolid a las diez y media.

(d) El primer tren de Valladolid sale a las seis menos cuarto.

(e) El tren que sale de Valladolid a las tres y media de la tarde llega a Madrid a las cinco menos veinte.

Contesta en español. Answer in Spanish.

(a) ¿A qué hora sale el primer tren de Madrid los lunes?

(b) ¿Cuántos trenes van de Madrid a Valladolid los fines de semana?

(c) ¿Qué días sale el tren de Valladolid a las ocho y media de la tarde?

(d) ¿A qué hora llega a Madrid el tren que sale de Segovia a las nueve y cinco?

(e) ¿Cuánto tiempo dura el viaje de Segovia a Madrid en tren?

Contesta en inglés. Answer in English.

(a) Look at the abbreviations of the days of the week in the timetable. Which day is represented by X?

(b) How many trains leave Madrid for Segovia on weekdays (Monday to Friday)?

(c) What times are the two trains that leave Madrid for Segovia on Saturdays and Sundays only?

(d) Which journey is longer: the journey between Madrid and Segovia or the journey between Segovia and Valladolid?

(e) What is Segovia famous for? Search online to find one thing that attracts visitors to Segovia.

7.6 Un día típico

Student CD Track 44

7.6 (A) Un día típico. Escucha a Joaquín y rellena los espacios con la hora. Listen to Joaquín describe a typical day and fill in the blanks with the time.

Los lunes **por la mañana** desayuno **a las** (a) _____ **en punto**. Salgo para el instituto a las (b) _____ **de la mañana**. Tengo clases desde las (c) _____ **hasta** las (d) _____, cuando tenemos un recreo. Voy al patio, tomo un bocadillo de jamón y charlo con mis amigos. **Después del** recreo, a las (e) _____, tengo clase de inglés. A la (f) _____ **de la tarde** voy al comedor para comer. **Por la tarde** tengo más clases hasta las (g) _____. **Antes de** coger el metro a casa, voy al gimnasio y juego al baloncesto con el equipo del instituto. Llego a casa **a eso de** las (h) _____. Meriendo un bollo o un yogur y hago los deberes. Ceno a las (i) _____. Siempre estoy cansado después de un día largo en el instituto.

Note the following phrases that Joaquín used when describing his day:

- **a** las ocho y media — at 8:30 (remember **son** las ocho y media = it is 8:30)
- a las siete en punto — at exactly 7:00
- a eso de — at around
- hasta — until
- antes de — before
- después de — after
- **de** la mañana — a.m.
- **de** la tarde — p.m.
- **por** la mañana — in the morning
- **por** la tarde — in the afternoon/evening
- la medianoche — midnight
- el mediodía — midday

Página 66

7.6 (B) ¿Qué haces los lunes? Escribe un párrafo en tu diario de aprendizaje con cinco frases del recuadro de la página anterior. What do you do on Mondays? Write a paragraph in your learning diary. Use five phrases from section 7.6 (A) and five times.

7.6 (C) ¿Qué hace Marta los sábados? Mira la viñeta y trabaja con un compañero/a. What does Marta do on Saturdays? Look at the comic strip and work with a partner. Think of questions to ask your partner … *¿Qué hace Marta a las ocho de la mañana? ¿A qué hora cena?*

Student CD
Track 45

7.6 (D) El sábado típico de Joaquín: escucha y rellena los espacios con la hora.
Joaquin's typical Saturday: listen and fill in the blanks with the times.

Los sábados por la mañana desayuno a las (a) _____ en punto. Voy al club de fútbol a las (b) _____ de la mañana. Juego al fútbol en el club hasta las (c) _____. Después del partido charlo con mis amigos del club. Llego a casa a la (d) _____ de la tarde y ayudo a mi madre a preparar la comida. Por la tarde descanso un poco. Veo la tele o escucho música en mi dormitorio. A las (e) _____ de la tarde voy a la casa de mi amiga María para jugar videojuegos hasta las (f) _____. Entonces merendamos antes de ir a una discoteca light a eso de las (g) _____. Bailamos en la discoteca hasta las (h) _____. Vuelvo a casa y ceno a las (i) _____. Chateo por Internet o por WhatsApp hasta la medianoche. Así es mi día los sábados.

Una *discoteca light* es una discoteca para chicos y chicas entre 14 y 18 años.

Página 67

7.6 (E) ¿Qué haces los sábados? Dibuja una viñeta en tu diario de aprendizaje. What do you do on Saturdays? Make a comic strip in your learning diary.

7.7 ¿Qué asignaturas estudias?

El horario de Joaquín. Joaquín's timetable.

	LUNES	MARTES	MIÉRCOLES	JUEVES	VIERNES
8:30 – 9:20	Geografía e Historia	Lengua Castellana y Literatura	Informática	Física y Química	Lengua Castellana y Literatura
9:20 – 10:10	Matemáticas	Educación Plástica Visual	Inglés	Música	Biología y Geología
10:10 – 10:30	RECREO	RECREO	RECREO	RECREO	RECREO
10:30 – 11:20	Inglés	Geografía e Historia	Religión	Lengua Castellana y Literatura	Matemáticas
11:20 – 12:10	Ciudadanía	Estudios Sociales	Biología y Geología	Tutoría	Informática
12:10 – 1:00	Física y Química	Matemáticas	Educación Plástica Visual	Geografía e Historia	Física y Química
1:00 – 3:00	COMIDA	COMIDA	COMIDA	COMIDA	COMIDA
3:00 – 3:50	Lengua Castellana y Literatura	Música	Educación Física	Estudios Sociales	Inglés
3:50 – 4:40	Estudios Sociales	Biología y Geología	Educación Física	Matemáticas	Educación Plástica Visual

Unidad 7 ¡Vamos al instituto!

7.7 (A) ¿Qué estudia Joaquín? Conecta las asignaturas con las imágenes.
What does Joaquín study? Match the subjects to the images.

1. 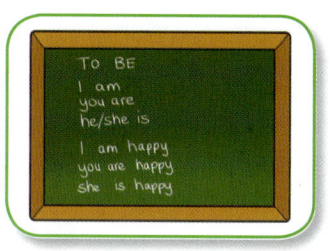
2. 
3. 
4. 
5.

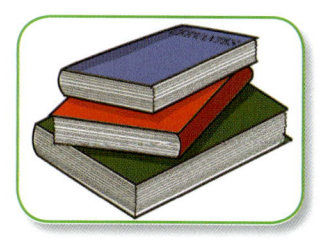

(a) Historia
(b) Geografía
(c) Música
(d) Biología
(e) Matemáticas
(f) Inglés
(g) Educación Física
(h) Informática
(i) Lengua Castellana y Literatura
(j) Química

6. 
7. 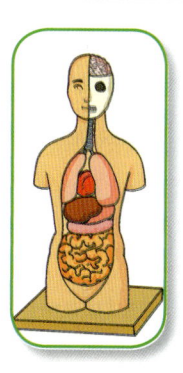
8. 
9. 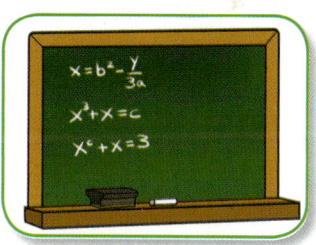 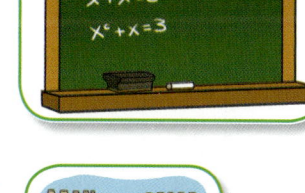
10.

ciento cincuenta y cinco **155**

7.7 (B) Mira otra vez el horario de Joaquín en la página 154 y contesta a las preguntas en español. Look back at Joaquín's timetable on page 154 and answer the questions in Spanish.

(a) ¿A qué hora tiene clase de inglés los lunes?
(b) ¿Qué asignatura estudia los jueves a las cuatro menos diez?
(c) ¿Cuánto tiempo dura la comida?
(d) ¿A qué hora tiene clase de matemáticas los martes?
(e) ¿Cuántas clases tiene cada día?
(f) ¿Qué asignatura estudia después de la comida los viernes?
(g) ¿Cuántas clases de Informática tiene cada semana?
(h) ¿Qué día tiene clase de educación física?

¿Cuál es tu asignatura favorita?

Mi asignatura favorita es la música porque es fácil y divertida.

7.7 (C) ¿Cuál es tu asignatura favorita?

Economía

Dibujo

Informática

Hogar

Mi asignatura favorita **es**… / Me gust**a**… porque **es**…

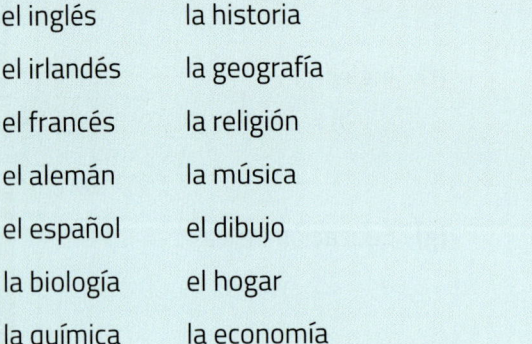

el inglés	la historia	fácil
el irlandés	la geografía	interesante
el francés	la religión	divertido/a
el alemán	la música	
el español	el dibujo	
la biología	el hogar	
la química	la economía	
la física	la informática	
la carpintería	la educación física	

Mi asignatura favorita **son**… / Me gust**an**… porque **son**…

las matemáticas	fácil**es**
las ciencias	interesant**es**
los estudios clásicos	divertid**os/as**

Carpintería

Ciencias

Estudios Clásicos

Religión

¿Y tú? Completa las frases. Fill in the sentences.

Mi asignatura favorita _____ porque _____
_____.

Me gusta _____ porque _____
_____.

No me gusta _____ porque _____
_____.

Learn more about *gusta* and *gustan* on page 194 in Section 9.2 (A).

Página 68

7.7 (D) ¡Vamos a hablar! Prepara tus respuestas en tu diario de aprendizaje. Prepare your answers in your learning diary.

Habla con tu compañero/a de clase. Pregúntale sobre su instituto y sus asignaturas. Talk to your classmate. Ask him/her to describe his/her school and subjects. You may use the questions below to guide your conversation.

(a) ¿Cuántas asignaturas estudias?
(b) ¿Qué asignaturas estudias?
(c) ¿Cuál es tu asignatura favorita? ¿Por qué?
(d) ¿Te gusta tu instituto? ¿Por qué?
(e) ¿Qué deportes haces en el instituto?
(f) ¿Qué actividades extraescolares haces?
(g) ¿Cómo son los profesores en tu opinión?
(h) ¿Hay muchas instalaciones en el instituto?

7.7 (E) Entrevista con tu compañero/a. Interview your partner. Use the questions in Section 7.7 (D). Record your interviews with a smartphone or tablet. In groups of four, watch or listen to your interviews to correct each other's work. Which questions did everybody find easy to answer? Which questions did everybody find difficult to answer? Why? What did everybody find difficult (e.g. verb endings, adjective agreements)?

Student CD Track 46

7.7 (F) María habla de su horario. Escucha y rellena el cuadro en español. María talks about her timetable. Listen and fill in the table in Spanish.

	DÍA	ASIGNATURA	HORA
(a)	lunes	Matemáticas Inglés	9:00 9:50
(b)	martes		
(c)	miércoles		
(d)	jueves		
(e)	viernes		

7.8 ¡Practicamos!

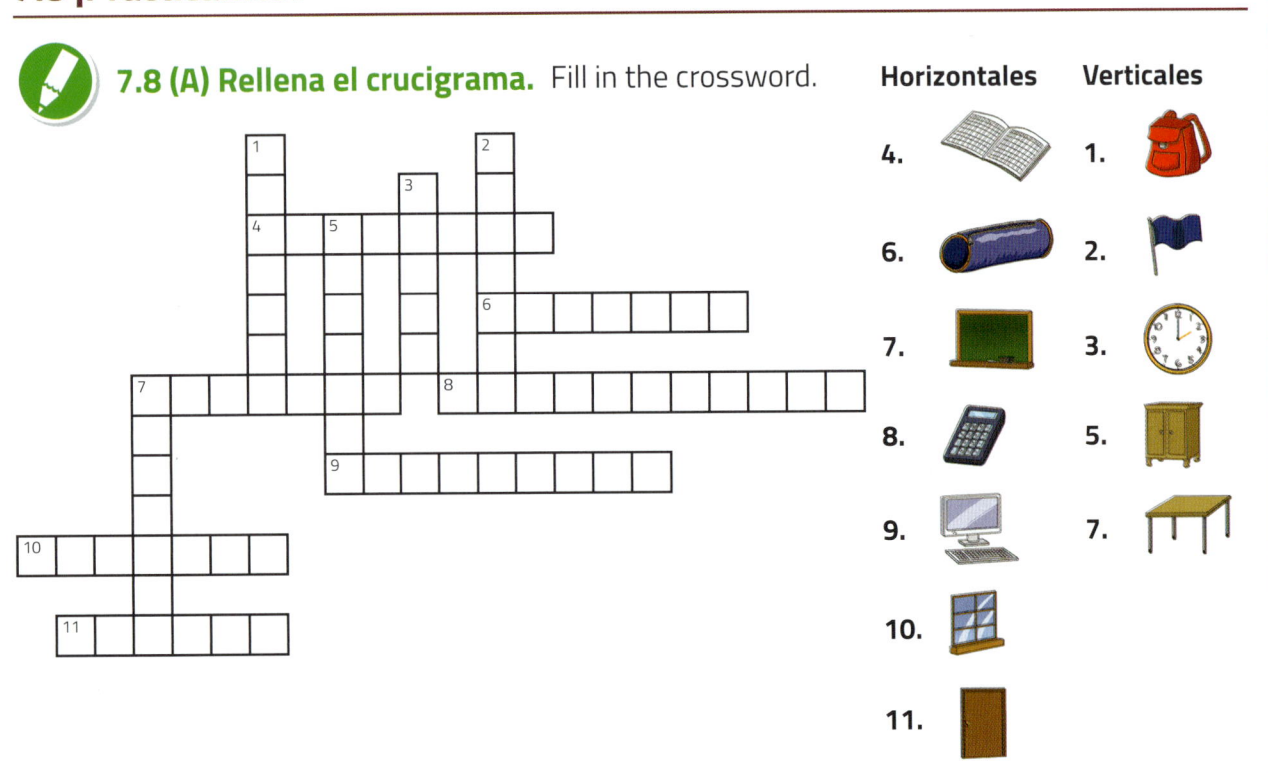

7.8 (A) Rellena el crucigrama. Fill in the crossword.

Horizontales
4.
6.
7.
8.
9.
10.
11.

Verticales
1.
2.
3.
5.
7.

158 ciento cincuenta y ocho

Unidad 7 ¡Vamos al instituto!

7.8 (B) Haz una etiqueta para identificar los objetos de tu clase. Each member of the class chooses one object in the classroom. Design, print and display a large label in Spanish to clearly identify the object (*la bandera, el mapa, la ventana, las estanterías,* etc). It will be easier for you to learn vocabulary when everything in the class is labelled in Spanish!

Student CD
Track 47

7.8 (C) Escucha y rellena los espacios. Listen and fill in the blanks.

Magdalena: Buenos días.

David: Hola ¿Cómo te llamas?

Magdalena: Me llamo Magdalena. ¿Y tú?

David: Me llamo David. ¿Cuántos (1) _____ tienes?

Magdalena: Tengo (2) _____ años. ¿Y tú?

David: Yo tengo (3) _____ años.

Magdalena: ¿Qué hay en tu (4) _____?

David: Hay muchos (5) _____, seis (6) _____, y mi estuche. Tengo (7) _____ bolis (8) _____ en mi estuche y una (9) _____.

Magdalena: ¡Llevas mucho! Mis libros están en la (10) _____. Solo tengo un cuaderno y mi (11) _____ en la cartera. En mi estuche hay una (12) _____, un (13) _____ y un (14) _____. ¿Qué clases tienes por la mañana?

David: Tengo clases de inglés, (15) _____, geografía y (16) _____. ¿Y tu?

Magdalena: Tengo clases de (17) _____, francés, historia y (18) _____. ¿Cuál es tu asignatura favorita?

David: Mi asignatura favorita es la (19) _____ porque es muy interesante. Bueno, son las (20) _____. Me voy. ¡Hasta luego!

Magdalena: Adiós.

ciento cincuenta y nueve

7.8 (D) Busca diez asignaturas en la sopa de letras. Find ten subjects in the word search.

I	N	G	L	É	S	X	L	B	G	Q	Z	I	A	I
F	R	A	N	C	É	S	K	M	E	M	P	Q	I	N
M	A	Q	C	G	Z	C	S	N	O	X	H	I	R	F
B	E	C	Z	U	O	M	Y	I	G	R	R	H	O	O
X	K	T	I	G	G	A	N	W	R	L	D	J	T	R
M	A	T	E	M	Á	T	I	C	A	S	O	G	S	M
S	Q	G	E	K	Y	M	X	N	F	F	K	P	I	Á
E	A	Y	Y	C	K	G	D	C	Í	U	I	J	H	T
G	E	I	Q	K	N	É	L	I	A	T	I	I	F	I
R	J	B	C	W	S	O	G	E	B	B	W	K	L	C
S	V	N	K	N	Ñ	C	L	I	Q	U	R	S	J	A
L	V	G	S	A	E	Z	N	O	J	X	J	A	V	P
G	G	O	P	E	P	I	A	Í	G	O	L	O	I	B
K	U	S	Q	V	E	L	C	D	Z	Í	S	A	B	T
I	E	S	N	C	I	T	P	J	B	A	A	P	J	M

7.8 (E) Escribe tu horario en español en tu cuaderno. Write your timetable in Spanish in your copy.

Unidad 7 ¡Vamos al instituto!

7.8 (F) Escribe las preguntas que corresponden a estas respuestas. Write the questions for the following answers.

Ejemplo: Me llamo Vicky. *¿Cómo te llamas?*

(a) Mi instituto es moderno y bastante pequeño.
(b) Hay treinta y cinco profesores en mi instituto.
(c) Hay un equipo de fútbol y un equipo de tenis y hay un club de debates.
(d) En la planta baja hay dos laboratorios, diez aulas y la sala de ordenadores.
(e) Los profesores son simpáticos.
(f) Mi asignatura favorita es el dibujo.

7.8 (G) Pon las palabras en el orden correcto para construir las frases. Put the words in the right order to make sentences.

Ejemplo: histora estudio No   *No estudio historia*

(a) planta la muchas primera Hay en aulas
(b) en tres mi Tengo estuche bolígrafos
(c) son Los profesores estrictos
(d) favorita música Mi es asignatura la
(e) de a clase las la historia Tengo de mañana nueve
(f) diez Estudio asignaturas

Students who study the subject *Historia del Arte* will be familiar with the work of Spanish artist Pablo Picasso, one of the most influential artists of the twentieth century. His work can be seen today in several museums, including the Picasso museums in Paris, Barcelona and Málaga. One of his best-known paintings is *Guernica*, which is on display in the Museo Reina Sofía in Madrid. The painting depicts the bombing of Guernica in the Basque Country in 1937. Picasso created *Guernica* in response to the bombing and as a statement against the conflict in Spain.

© Succession Picasso/DACS, London 2016

7.8 (H) Mira la pintura de Pablo Picasso. ¿Cuáles son los colores que se pueden ver en la pintura? Look at the painting by Pablo Picasso. What colours can you see in the painting?

© Succession Picasso/DACS

Mujer ante el espejo (Pablo Picasso, 1932)

ciento sesenta y uno **161**

Unidad 7 ¡Ponte a prueba!

Página 72

Watch the video for Unidad 7.

Ordena tus conocimientos de la unidad 7 y ponte a prueba en tu diario de aprendizaje. In your learning diary, sort your learning from Unit 7 and test yourself to see what you have learned.

¿Qué he aprendido en la unidad 7?

	🙂	😐	☹️
I can describe my school			
I can say what's in my classroom			
I can say what colour something is			
I recognise the flags of the Spanish-speaking world			
I can tell the time and ask someone for the time			
I can say what subjects I study			

UNIDAD 8

¡Así es mi casa!

By the end of this unit, you will be able to:

- Ask someone about their house
- Tell someone about your house
- Label the rooms of the house and identify pieces of furniture
- Understand how Spanish addresses are written
- Write a description of your home
- Use regular verbs ending in –ER and –IR
- Use prepositions of place

Go to **www.edco.ie/quepasa1** for interactive activities and quizzes based on this unit.

The Moors occupied Spain for almost 800 years and, as a result, over 4,000 Arabic words and phrases were absorbed into the Spanish language. Words beginning with *al* (the Arabic word for *the*) are of Arabic origin. For example: *álgebra*, *alquilar* (to rent) and *almohada* (pillow). Arabic also had a big influence on the names of Spanish cities. *Alicante*, *Almería*, *Alcalá* and *Algeciras* are all of Arabic origin.

SE ALQUILA

SE VENDE

ciento sesenta y tres **163**

¿Qué Pasa? 1

8.1 ¡Así es mi casa!

Joaquín y Michael hablan de sus casas. ¿Recuerdas lo que significan las palabras *casa* o *piso* que aparecieron en el ejercicio 4.4 (B)? Ahora, vamos a estudiar el interior de la casa.

¿Cómo es tu casa en Irlanda?

Pues mi familia y yo vivimos en una casa con un jardín grande. Es bastante diferente de tu piso de Madrid.

¡Es genial tener un jardín!

8.1 (A) La casa

- el tejado
- el desván
- el dormitorio/la habitación
- el cuarto de baño
- la primera planta
- arriba
- la cocina
- el comedor
- la sala de estar / el salón
- el jardín
- abajo
- la planta baja
- el sótano
- el despacho
- el lavadero

164 ciento sesenta y cuatro

Unidad 8 ¡Así es mi casa!

Teacher CD Track 29

Watch the slideshow for PowerPoint 8(a) on home.

8.1 (B) Michael muestra una foto de su casa a Joaquín. Lee y escucha la descripción. Michael shows Joaquín a photo of his house. Read and listen to the description.

Vivo en un chalet en el campo, en el condado de Cork. Está a unos cinco kilómetros del pueblo de Clonakilty. La casa tiene dos plantas. En la planta baja hay una cocina enorme, un lavadero, un salón comedor y un despacho pequeño. Arriba hay cinco dormitorios: mi dormitorio, el dormitorio de mis padres, el dormitorio de mi hermano Seán, el dormitorio de mi hermana Róisín y el dormitorio para huéspedes. Hay tres cuartos de baño también. Mi habitación es bastante grande con baño propio. En el desván hay una sala de juegos donde hay un televisor y muchos videojuegos. Hay un jardín pequeño delante de la casa y otro muy grande detrás de la casa. Hay algunos árboles y muchas flores en el jardín y una perrera para los tres perros. Tenemos un garaje al lado de la casa. Es una casa cómoda pero está muy lejos de mi colegio.

1 Contesta a las preguntas en español con frases completas. Answer the questions in Spanish with full sentences.

   (a) ¿Qué tipo de casa es?

   (b) ¿Dónde vive la familia de Michael?

   (c) ¿Qué hay en la planta baja?

   (d) ¿Qué hay en la primera planta?

   (e) ¿Qué hay en el jardín?

ciento sesenta y cinco

2 ¿Cómo se dice en español? Conecta las frases del texto con su traducción. How do you say it in Spanish? Match the Spanish phrases from the text to their English equivalents.

- (a) a detached house
- (b) the house has two floors
- (c) the guest room
- (d) a playroom
- (e) in front of
- (f) behind
- (g) trees
- (h) flowers
- (i) a kennel
- (j) very far from

1. el dormitorio para huéspedes
2. muy lejos de
3. la casa tiene dos plantas
4. detrás de
5. una perrera
6. una sala de juegos
7. los árboles
8. un chalet
9. las flores
10. delante de

Unidad 8 ¡Así es mi casa!

Teacher CD Track 30

8.1 (C) Joaquín describe su casa. Escucha la descripción. Joaquín describes his house. Listen to the description.

Mi familia vive en un piso en las afueras de Madrid. El piso no es muy grande. Tiene cuatro dormitorios: el dormitorio de mis padres y tres dormitorios pequeños: el dormitorio de mi hermana, el dormitorio de mi hermano y mi dormitorio. También hay un cuarto de baño, un salón comedor y una cocina. No tenemos jardín pero el piso es muy luminoso porque tiene una terraza grande. Tampoco tenemos garaje pero la verdad es que no necesitamos coche porque vivimos cerca de una estación de metro. Lo mejor es que la urbanización tiene una piscina comunitaria. Es genial en el verano cuando hace mucho calor.

1 Contesta a las preguntas en español. Answer the questions in Spanish.

(a) ¿Dónde vive la familia?

(b) ¿Cómo es el piso?

(c) ¿Cuántos dormitorios hay?

(d) ¿Hay jardín?

2 ¿Cómo se dice en español? Une las frases del texto con su traducción. How do you say it in Spanish? Match the Spanish phrases from the text to their English equivalent.

(a) the suburbs
(b) it is very bright
(c) a terrace/balcony
(d) a garage
(e) we live near
(f) the best thing about it is

1. una terraza
2. lo mejor es
3. un garaje
4. las afueras
5. vivimos cerca de
6. es muy luminoso

ciento sesenta y siete **167**

¿Qué Pasa? 1

Student CD Tracks 48–49

8.1 (D) Emma y Ana describen sus casas. Escucha y rellena los espacios.
Emma and Ana describe their homes. Listen and fill in the blanks.

Emma

¡Hola! Me llamo Emma. Vivo en las (a) _____ de Dublín en el (b) _____ de Irlanda. Vivo en una casa adosada en una urbanización bastante grande. Mi casa es de (c) _____ pisos. En la planta baja hay un (d) _____, una cocina y un salón cómodo. En la primera planta hay (e) _____ dormitorios: el dormitorio de mi madre, el dormitorio de mi hermana y mi dormitorio. También hay dos cuartos de baño. Hay un (f) _____ pequeñito detrás de la casa.

Ana

¡Hola! Soy Ana. Vivo con mi familia en Granada. Tenemos un (a) _____ cerca del centro de la ciudad. Hay tres dormitorios: el dormitorio de mis padres, el dormitorio de mi hermano Enrique y mi dormitorio. Hay dos cuartos de baño, una sala de estar, un comedor y una cocina con un (b) _____ pequeño. No tenemos jardín pero tenemos una (c) _____ bonita con vistas a la Alhambra.

En el (d) _____ del edificio hay un garaje donde mis padres dejan su coche.

El edificio es (e) _____ moderno. Tenemos aire acondicionado y un ascensor.

¿Cómo se dice en español? Busca el vocabulario en los textos de arriba. How do you say it in Spanish? Find the following phrases in the texts above.

1. a semi-detached/terraced house
2. a housing estate
3. the city centre
4. the building

168 ciento sesenta y ocho

Página 76

8.1 (E) ¡Así es mi casa! Haz una descripción de tu casa en tu diario de aprendizaje.
Write a description of your home in your learning diary.

8.1 (F) ¿Cómo es tu casa? Pregunta a tu compañero/a. What is your home like? Ask your partner.

Lo que más me gusta de mi piso en Granada es la terraza con vistas a la Alhambra.

Pues hay una piscina comunitaria en mi urbanización de Madrid.

8.2 Las viviendas españolas

Joaquín y su familia viven en un piso (a flat). The majority of Spaniards, particularly in towns and cities, live in *apartamentos* (apartments) or *pisos*. While *apartamento* and *piso* both mean apartment/flat, there is a size difference. An *apartamento* is small and usually for one person or a couple. A *piso* is a large apartment suitable for families. *Casas adosadas* (terraced townhouses) can be found in the suburbs of major urban areas, while detached properties (*chalets*) are usually only found in the countryside or along the coast, where they are used as holiday homes. Most young Spaniards live at home until their late twenties or early thirties, rather than buying or renting a property. To buy or rent a property in Spain you would contact an *inmobiliaria* (estate agency).

¿Qué Pasa? 1

8.2 (A) Lee los anuncios de agencias inmobiliarias y contesta a las preguntas. Read the following property advertisements and answer the questions.

Piso en venta en calle poeta Andrés Bolarín, Murcia

Piso duplex de cuatro dormitorios, dos baños, cocina, comedor.
Piscina comunitaria, ideal para la zona de verano para poder disfrutar con los niños.
Aire acondicionado.
Plaza de garaje incuido en el precio.
Un lugar estupendo para vivir.

TCG INMOBILIARIA
Avenida Libertad 8,
Murcia, 30007
968914052
www.tcginmobiliaria.es

Se alquila chalet independiente en Avenida de los Huertos, Vitoria-Gasteiz

Precioso chalet muy luminoso.
Tres plantas con jardín y piscina climatizada. Jacuzzi, vestidor, vistas a la montaña y terraza.
Jardín con variedad de plantas.
Tres baños, 5 habitaciones, salón, sótano y garaje.
Precio interesante.
Posibilidad de negociar.
2.500 €/mes

ALQUILER SEGURO
Avenida América 18
Madrid 28028
902375777
www.alquilerseguro.es

Se alquila piso en Avenida San José, Zaragoza

Piso en Avenida San José.
Dos dormitorios con armarios empotrados, salón, cocina equipada y un baño.
2a planta exterior con ascensor y terraza.
Calefacción centralizada.
450 €/mes

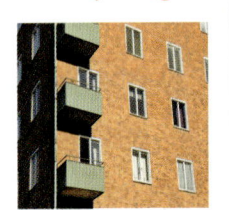

INMOBILIARIA EUROPA
Avenida San José 54
Zaragoza 50008
976590060
www.inmobiliariaeuropa.com

Casa adosada en venta en calle los Pinos, Oviedo

Chalet adosado en una urbanización a un paso de Oviedo.
Cuatro habitaciones, dos baños, un aseo, salón con chimenea, cocina, terraza, garaje y trastero.
En todos los dormitorios hay armarios empotrados.
Parada de autobús urbano a escasos metros. 330.000€

INMOBILIARIA SANTOS
Calle de la Independencia 11
33004 Oviedo
985240778
www.inmobiliariasantos.com

Piso en venta en avenida de las Industrias, Gijón

Cerca del gimnasio, centro comercial y cine.
Dos habitaciones dobles con armarios empotrados.
Cuarto de baño con ducha.
Salón comedor y cocina.
Plaza de garaje con acceso por ascensor.
Las ventanas son de aluminio, la calefacción y el agua caliente son con caldera de gas natural.
135.000€

REMAX ELITE
Avenida del Llano 26
Gijón 33209
984480000
www.remax.es

Alquiler de piso en plaza de Capuchinas, Córdoba

Como nuevo, salón, dos habitaciones, cocina amueblada y un cuarto de baño con ducha.
Ideal jóvenes, terraza privada y patio comunitario.
Cerca de parada de autobus y de taxis, colegios e institutos. 500 €/mes

INMOBILIARIA CONCEPCIÓN
Concepción 6
Córdoba 14008
957958016
www.apiconcepcion.com

---

1   Contesta en español.   Answer in Spanish.

(a) ¿Cuántos dormitorios hay en el piso de Murcia?

(b) ¿Cuál es el número de teléfono de la inmobiliaria de Oviedo?

(c) ¿Cuánto cuesta el piso de Gijón?

(d) ¿Dónde está el chalet que tiene una piscina y un jacuzzi?

2 Contesta en inglés. Answer in English.

(a) In what city can you rent a flat that is near schools?

(b) What is the name of the street in Zaragoza where there is a flat for rent?

(c) In what city can you find an apartment for sale with a garage, aluminium windows and natural gas heating?

(d) How many bedrooms and how many bathrooms are there in the property in Oviedo?

3 ¿Verdadero o falso? True or false?

(a) El piso de Murcia tiene garaje y piscina.

(b) Hay tres habitaciones en el chalet de Vitoria-Gasteiz.

(c) No hay terraza en el piso de Zaragoza.

(d) El piso de Córdoba cuesta 500€ al mes.

4 ¿Cómo se dice en español? Busca el vocabulario en los anuncios. How do you say it in Spanish? Find the following phrases in the advertisements.

(a) air conditioning

(b) bus stop

(c) central heating

(d) built-in wardrobes

8.2 (B) ¿Cómo se escribe tu dirección? How do you write your address?

You have seen words like *calle* (street), *avenida* (avenue) and *plaza* (square) in Section 8.2 (A). Now let's see how addresses are written in Spain.

C/	= calle
López del Vallado	= the name of the street
27	= the number of the building
4º	= 4th floor
dcha	= an abbreviation for *derecha* (meaning *right*)

This letter is going to the apartment on the right of the 4th floor of the building at number 27 López del Vallado Street.

Sra Ana López
C/ López del Vallado, 27, 4º dcha
3304 - Oviedo

Avda	= Avenida
6	= the number of the building
5º	= 5th floor
1A	= apartment number 1A
izda	= an abbreviation for *izquierda* (meaning *left*)

This letter is going to apartment 1A on the left of the 5th floor of the building at number 6 Avenue de las Industrias.

Sr Diego González
Avda de las Industrias, 6, 5º, 1A izda
33208 - Gijón

8.2 (C) ¿Cómo es la casa de tus sueños? Trabaja en grupos de dos o tres y diseña un folleto de una agencia inmobiliaria.

Imagine the house of your dreams. In small groups, design a digital advertisement selling that home. The advertisement should be similar to those in Section 8.2 (A) and include a brief description of the property, an image, an address and contact details for an estate agency. Put the advertisements from each group together to create a class property brochure. You can make a digital brochure or a print version.

Watch the slideshow for PowerPoint 8(b) on furniture.

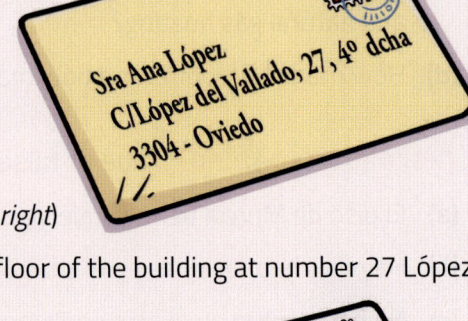

Unidad 8 ¡Así es mi casa!

8.3 ¿Qué hay en tu dormitorio?

Student CD Track 50

8.3 (A) Escucha el CD y rellena los espacios. Listen and fill in the blanks.

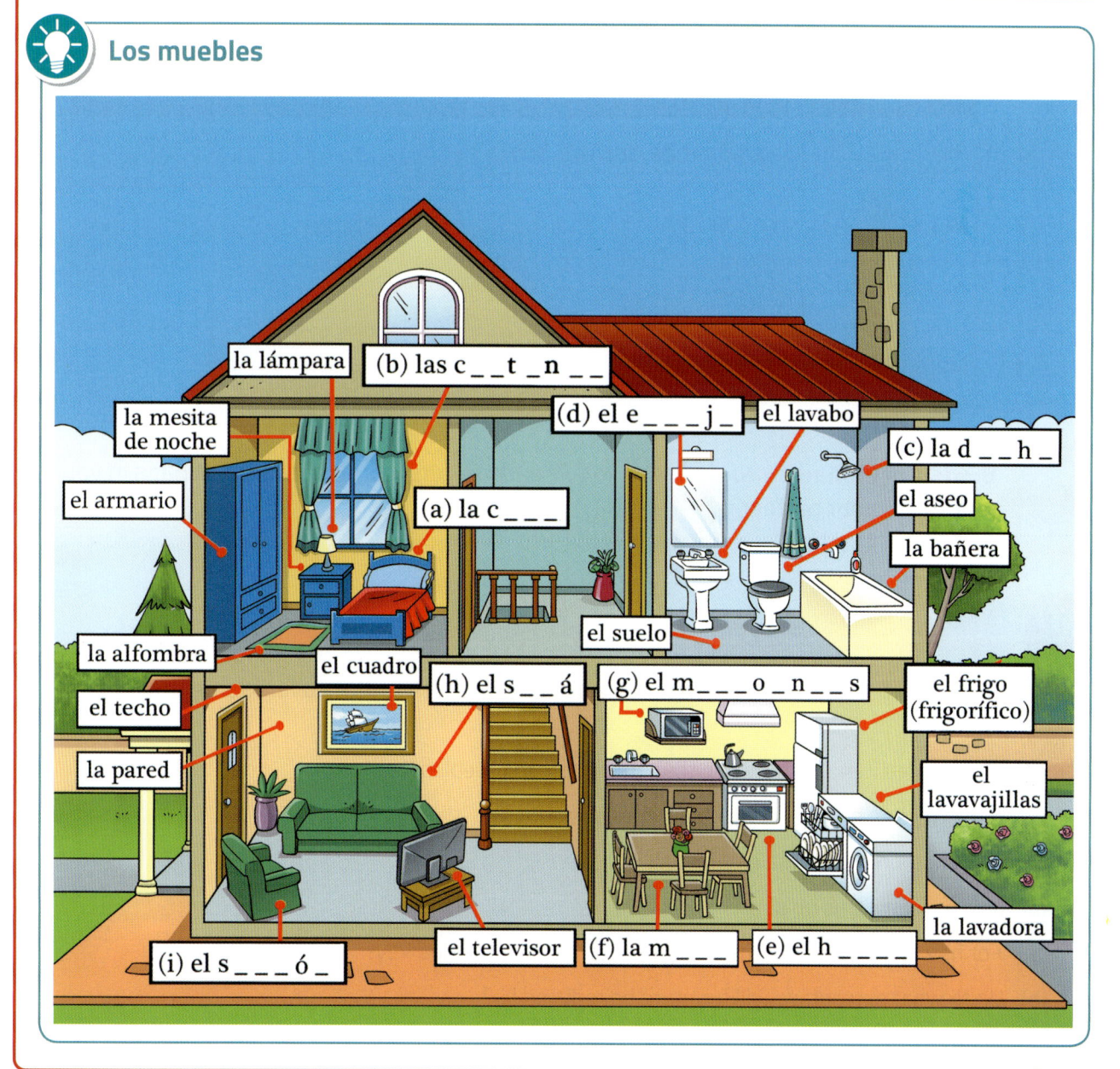

Joaquín y Michael hablan de los muebles...

¿Qué hay en tu dormitorio?

¿Hay un televisor en tu dormitorio?

Hay una cama, un armario, un sillón y un espejo.

No hay televisor pero tengo un portátil así que puedo ver películas y escuchar música en mi habitación. También tengo una estantería con muchos libros porque me gusta leer.

Los muebles

- la lámpara
- (b) las c _ _ t _ n _ _
- la mesita de noche
- (d) el e _ _ _ j _
- el lavabo
- (c) la d _ _ h _
- el armario
- (a) la c _ _ _
- el aseo
- la bañera
- la alfombra
- el cuadro
- el suelo
- (h) el s _ _ á
- (g) el m _ _ _ o _ n _ _ s
- el frigo (frigorífico)
- el techo
- la pared
- el lavavajillas
- el televisor
- (f) la m _ _ _
- (e) el h _ _ _ _
- la lavadora
- (i) el s _ _ _ ó _

ciento setenta y tres **173**

¿Qué Pasa? 1

Teacher CD
Track 31

8.3 (B) Escucha y repite las palabras. Listen and repeat the words.

Student CD
Track 51

8.3 (C) ¿Qué hay en tu dormitorio? Escucha y rellena el cuadro en inglés. What is in your bedroom? Listen and fill in the table in English.

	NAME	FURNITURE
1	Pilar	*bed, wardrobe, shelves, books*
2	Miguel	
3	David	
4	Maite	

8.3 (D) ¿Qué hay en tu dormitorio? Pregunta a tu compañero/a. What's in your room? Ask your partner.

Student CD
Tracks 52–54

8.3 (E) Escucha los anuncios y contesta en inglés. Listen to the advertisements and answer in English.

1. (a) Name three items of furniture that are on sale in Muebles Rey.
   (b) Name three cities where Muebles Rey have shops.
2. (a) In what month is the sale running?
   (b) Name three items on sale.
3. (a) For how many days will there be items on sale in Muebles Rey?
   (b) Up to what percentage will furniture be reduced by?

ciento setenta y cuatro

8.3 (F) Las preposiciones

¿Dónde está la lámpara?

la lámpara está **encima de** la mesa
la lámpara está **sobre** la mesa

la lámpara está **debajo de** la mesa

la lámpara está **entre** la mesa y el sofa

la lámpara está **al lado de** la mesa

la lámpara está **delante de** la mesa

la lámpara está **detrás de** la mesa

la lámpara está **a la derecha de** la mesa

la lámpara está **a la izquierda de** la mesa

la lámpara está **lejos de** la mesa

la lámpara está **cerca de** la mesa

- Recuerda: *de + el = del*
  Ejemplo: *la lámpara está al lado **del** sofá*

- *en* can mean on
  Ejemplo: *hay un póster **en** la pared*
  *hay tres libros **en** la mesa*

- Recuerda: *a + el = al*
  Ejemplo: ***al** lado de*

- Recuerda: *enfrente de* = in front of/opposite

¿Qué Pasa? 1

8.3 (G) ¿Dónde está el perro? Escribe siete frases. Where is the dog? Write seven sentences.

(a)

El perro está a la derecha de la silla.

(b) _____

(c) _____

(d) _____

(e) _____

(f) _____

(g) _____

(h) _____

176 ciento setenta y seis

Unidad 8 ¡Así es mi casa!

8.4 El presente de los verbos en –ER e –IR

Let's look at some of the verbs used by Joaquín and Michael in Sections 8.1 and 8.3.

On page 88, we discovered that regular verbs ending in –AR follow a pattern. There are two other groups of regular verbs that follow patterns:

- verbs ending in –ER, such as LE**ER**
- verbs ending in –IR, such as VIV**IR**.

Mi familia vive en un piso.

Me gusta leer libros.

8.4 (A) Los verbos en –ER

Can you figure out the pattern for –ER verbs from the chart below? Fill in the verbs APRENDER and BEBER.

	LEER (to read)	COMER (to eat)	APRENDER (to work)	BEBER (to drink)
yo	le**o**	com**o**	aprend**o**	
tú	le**es**	com**es**	aprend**es**	
él/ella	le**e**	com**e**		
nosotros/as	le**emos**	com**emos**		
vosotros/as	le**éis**	com**éis**		
ellos/ellas	le**en**	com**en**		

ciento setenta y siete **177**

8.4 (B) Los verbos en –IR

- The final group of regular verbs end in –IR. You already know some of the endings for –IR verbs.
  - Yo viv**o** en Barcelona.
  - Mi familia viv**e** en un piso.

- *vivo* and *vive* are both from the verb VIVIR (to live). Study the verb VIVIR below and see if you can figure out the pattern for –IR verbs. Then fill in the verb ESCRIBIR.

	VIVIR (to live)	ESCRIBIR (to write)
yo	viv**o**	
tú	viv**es**	
él/ella	viv**e**	
nosotros/as	viv**imos**	
vosotros/as	viv**ís**	
ellos/ellas	viv**en**	

8.4 (C) Más verbos en –ER e –IR

ABRIR	to open	RECIBIR	to receive
COMPRENDER	to understand	SUBIR	to climb/to go up
CORRER	to run	VENDER	to sell
DESCRIBIR	to describe		

Yo **abro** la ventana.

Ellos **venden** la casa.

Lucía **escribe** un correo electrónico.

Vosotros **vivís** en España.

Watch the slideshow for PowerPoint 8(c) on the –ER and –IR verbs.

Unidad 8 ¡Así es mi casa!

Página 77

8.4 (D) En tu diario de aprendizaje rellena los cuadros con los verbos en –ER e –IR.
In your learning diary, fill in the –ER and –IR verb charts.

8.4 (E) Rellena los espacios con la forma correcta de los verbos entre paréntesis. Fill in the blanks with the correct form of the verbs in brackets.

1. (a) Yo no *comprendo* (comprender) la pregunta.
   (b) Nosotros _____ (aprender) español.
   (c) Michael _____ (leer) libros.
   (d) ¿Tú _____ (beber) café?
   (e) Yolanda y Lucía _____ (comer) mucho chocolate.
   (f) Nosotros _____ (vender) el piso.
   (g) ¿Vosotros _____ (comer) hamburguesas?
   (h) Yo _____ (beber) zumo de naranja por la mañana.
   (i) Alba _____ (leer) revistas de fútbol.
   (j) Los chicos _____ (correr) en el parque.

2. (a) Joaquín *escribe* (escribir) un correo electrónico.
   (b) ¿Vosotros _____ (vivir) en Valladolid?
   (c) Mi madre _____ (abrir) la puerta.
   (d) Yo _____ (recibir) un correo electrónico.
   (e) Miguel y David _____ (escribir) su blog.
   (f) Yo _____ (escribir) una carta a Lucía.
   (g) Ellos _____ (vivir) en Chile.
   (h) Nosotros _____ (abrir) la ventana.
   (i) Yolanda _____ (recibir) una carta de su novio.
   (j) Yo _____ (vivir) en La Habana.

ciento setenta y nueve 179

3. (a) Los miércoles por la noche ella *lee* (leer) en su dormitorio.

(b) Yo _____ (aprender) francés.

(c) Ellos _____ (escribir) cartas.

(d) Tú _____ (comer) en el comedor.

(e) Susana y yo _____ (vivir) en Bilbao.

(f) Jaime _____ (vender) su casa.

(g) Yo _____ (abrir) la ventana.

(h) Nosotros _____ (beber) agua.

(i) ¿Tú _____ (vivir) en un piso o una casa?

(j) ¿Vosotros _____ (comprender) la pregunta?

PONER   to put (yo pon**g**o*)

COGER   to catch (yo co**j**o*)

Poner and *coger* follow the same pattern as regular –ER verbs, but have an irregular 'yo' form.

Página 14–15

Rellena los verbos PONER y COGER en tu diario de aprendizaje. Fill in the verbs PONER and COGER in your learning diary.

8.4 (F) El domingo típico de Joaquín en Madrid. Completa el texto con la forma correcta de los verbos entre paréntesis. Joaquín's typical Sunday in Madrid. Complete the text with the correct form of the verbs in brackets.

¿Qué hago los domingos?

Compártelo en: 👍 Me gusta 60   Compartit   G+1 ◁ 0   🐦 Twittear

¿Qué hago los domingos? Pues yo (a) _____ (vivir) en un piso en las afueras de Madrid. El piso (b) _____ (estar) muy cerca del metro y los domingos mi familia y yo (c) _____ (ir) al centro de la ciudad. Nosotros (d) _____ (coger) el metro de Nuevos Ministerios y (e) _____ (bajar) cerca de Puerta del Sol donde (f) _____ (desayunar) chocolate con churros. Después del desayuno vamos a una pulga famosa que se llama El Rastro. A mi madre le gusta comprar libros pero mi hermana

Susana y yo (g) _____ (preferir) comprar revistas. Mi padre y mi hermano Rubén (h) _____ (tomar) una cerveza mientras Susana y yo (i) _____ (leer) las revistas y mi madre (j) _____ (charlar) con los vendedores. Por la tarde nosotros (k) _____ (comer) unas tapas y (l) _____ (volver) a casa.

Yo (m) _____ (hacer) mis deberes o (n) _____ (mirar) un partido de fútbol con Rubén. Mi padre (ñ) _____ (preparar) la cena en la cocina. A eso de las nueve nosotros (o) _____ (cenar) juntos.

Contesta en español. Answer in Spanish.

1. ¿Dónde baja la familia del metro?
2. ¿Qué toman para desayunar?
3. ¿Qué compra la madre de Joaquín?
4. ¿Quién prepara la cena?
5. ¿A qué hora cenan?

¿Qué Pasa? 1

8.5 ¡Practicamos!

Student CD Track 55

8.5 (A) Joaquín recibe un correo electrónico de Lucía. Escucha y rellena los espacios. Joaquín receives an email from Lucía. Listen and fill in the blanks.

De: **lucíaperu.21@hotmail.com**
A: **joaquin.gf@yahoo.es**

¡Hola Joaquín!

Gracias por tu correo electrónico. Lo recibí ayer. Me preguntaste ¿cómo es mi casa? Pues vivo con mi familia en una casa en las (a) _____ de Lima. La casa es bastante (b) _____. En la planta baja hay una (c) _____, un comedor, un salón y un cuarto de baño. Arriba hay (d) _____ dormitorios, dos cuartos de baño y el (e) _____ de mi madre. Hay un jardín (f) _____ detrás de la casa. Comparto mi dormitorio con mi hermana menor. El dormitorio es muy cómodo. Tiene un (g) _____, dos camas y unas (h) _____ con todos nuestros libros. En la pared hay un (i) _____ y unos pósters de mis grupos favoritos.
Los fines de semana me gusta descansar en mi dormitorio y leer libros o chatear con mis amigos. La casa está en la (j) _____ Roma en el barrio de Miraflores.
Vivimos (k) _____ la playa y los domingos por la mañana me gusta (l) _____ a la playa con mi hermana Andrea y (m) _____ perro Rocky. Los domingos por la tarde hago mis deberes y luego veo la tele con mi hermano Gonzalo y mi padre mientras mi madre prepara la cena en la cocina. ¿Y tú? ¿Cómo es tu casa? ¿Qué haces los domingos? Bueno, estoy cansada. ¡Me voy!

Escríbeme pronto
Besos,
Lucía

Contesta en español. Answer in Spanish.

(a) ¿Dónde está la casa de Lucía?

(b) ¿Qué hay en la planta baja?

(c) ¿Cuántos dormitorios hay?

(d) ¿Qué hay en su dormitorio?

(e) ¿Cómo se llama la calle donde vive?

(f) ¿Qué hace Lucía los domingos por la mañana?

(g) ¿Qué hace los domingos por la tarde?

(h) ¿Cómo se dice en inglés «Comparto mi dormitorio con mi hermana»?

Unidad 8 ¡Así es mi casa!

Página 78

8.5 (B) Escribe un correo electrónico a Lucía en tu diario de aprendizaje.
Write an email to Lucía in your learning diary.

8.5 (C) Joaquín y su familia van al Rastro los domingos. Lee el texto y contesta a las preguntas en inglés.
Joaquín and his family go to El Rastro on Sundays. Read the text and answer the questions in English.

El Rastro es un mercado al aire libre que abre los domingos y festivos en el centro histórico de Madrid, en el popular barrio de la Latina. Se trata de un mercadillo con más de 400 años de historia en el que se pueden encontrar tanto objetos cotidianos como curiosos artilugios, todo ello envuelto en un ambiente de lo más animado.

Zonas especializadas

Calle Fray Ceferino González: Conocida como la calle de los pájaros, antiguamente se dedicaba a la venta ambulante de animales. Hoy sólo quedan algunas tiendas especializadas.

Calle de San Cayetano: También conocida como la calle de los pintores, acoge diferentes locales en los que se pueden comprar algunos cuadros además de los materiales para pintar.

Calle de Rodas, Plaza del General Vara del Rey y Plaza de Campillo del Mundo Nuevo: Zonas especializadas en la compra-venta de revistas, cromos y juegos de cartas.

Calle del Carnero y Calle de Carlos Arniches: Calles especializadas en la venta de libros antiguos.

Localización
Calle Ribera de Curtidores y alrededores.

Horario de visita
Domingos y festivos: de 09:00 a 15:00 horas.

Transporte
Metro: La Latina, línea 5; Embajadores, línea 3.

(a) On what day is the Rastro flea market held?

(b) For how many years has the market been running?

(c) What used to be sold on Calle Fray Ceferino González?

(d) On what streets can you buy old books?

(e) What time does the market begin and what time does it end?

(f) What metro lines should you take to get to El Rastro?

ciento ochenta y tres **183**

8.5 (D) Escribe una conversación con tu compañero/a. Una persona es agente inmobiliario, la otra quiere vender su casa. Write a role play with your partner. One of you is an estate agent; the other wants to sell his/her house. The estate agent asks the vendor to describe the house: ¿Cuántas habitaciones hay? ¿Qué hay en la planta baja? ¿Hay jardín o garaje?

Página 79

8.5 (E) Quieres vender una casa. Haz el anuncio de una inmobiliaria en tu diario de aprendizaje. You want to sell a house. Design a property advertisement in your learning diary. Look at the ads in Section 8.2 (A) to help you.

8.5 (F) Rellena los espacios con la forma correcta de los verbos entre paréntesis. Fill in the blanks with the correct form of the verbs in brackets.

(a) Tomás _____ (ser) colombiano.
(b) Marta y Jesús _____ (estar) en Valladolid.
(c) Nosotros _____ (tener) trece años.
(d) Yo _____ (ir) a la playa.
(e) ¿Tú _____ (hacer) los deberes?
(f) Él _____ (beber) vino blanco.
(g) ¿Dónde _____ (vivir) Susana?
(h) David y yo _____ (ser) altos.
(i) Ellas _____ (estar) muy contentas.
(j) Cristina _____ (tener) un hermano menor.

Student CD
Track 56

8.5 (G) Escucha y contesta en inglés. Listen and answer in English.

(a) Where does Antonio live?
(b) What rooms are on the ground floor of his house?
(c) What rooms are on the first floor of his house?
(d) Name three things in his bedroom.
(e) What colour are the curtains in his bedroom?
(f) What does he like to do at the weekends?

Unidad 8 ¡Así es mi casa!

Unidad 8 ¡Ponte a prueba!

Página 82

Watch the video for Unidad 8.

Ordena tus conocimientos de la unidad 8 y ponte a prueba en tu diario de aprendizaje.
In your learning diary, sort your learning from Unit 8 and test yourself to see what you have learned.

¿Qué has aprendido en la unidad 8?

	🙂	😐	☹️
I can describe my house and my bedroom			
I can ask someone about their house			
I can label rooms and furniture			
I understand Spanish addresses			
I can use prepositions of place			
I understand and can use –ER and –IR verbs			

ciento ochenta y cinco

UNIDAD 9

¡Es un pedazo de pan!

By the end of this unit, you will be able to:

- Say what foods you like or dislike
- Ask someone about the foods they like to eat
- Ask how much something costs
- Name different foods and drinks
- Recognise typical Spanish dishes
- Investigate a traditional recipe from a Spanish-speaking country
- Design a menu
- Write about the food you eat
- Write a role play that is set in a shop
- Use the verb GUSTAR to say what you like
- Use the verb TENER to express hunger and thirst

Go to **www.edco.ie/quepasa1** for interactive activities and quizzes based on this unit.

Did you know that the oldest restaurant in the world is Restaurante Botín in Madrid? The restaurant dates from 1725 and its signature dish is *cochinillo asado* (roast suckling pig).

las naranjas

la paella

el jamón serrano

el chorizo

las aceitunas

el vino

ciento ochenta y seis

Unidad 9 ¡Es un pedazo de pan!

9.1 ¡Así se come en España!

Student CD
Track 57

9.1 (A) Joaquín explica las comidas españolas. Escucha y une las imágenes a las palabras del texto en negrilla. Joaquín explains Spanish meals. Listen and match the images to the highlighted words in the text.

Normalmente desayuno a las siete de la mañana. De desayuno tomo **magdalenas**, **galletas** o **tostadas con tomate**. Para beber tomo **un zumo de naranja** o **un café con leche**.

A las diez y diez tenemos un recreo en el instituto. Tomo **un bocadillo de jamón** en el patio.

ciento ochenta y siete **187**

¿Qué Pasa? 1

La comida principal del día es la comida. Como en el comedor del instituto a la una y media de la tarde. De comida tomamos dos platos y un postre. De primer plato tomo **una ensalada**, **una sopa** o verduras, como por ejemplo, **judías verdes**, y de segundo plato tomo **carne** o **pescado**. De postre tomo **fruta**, **yogur** o **flan**.

Tomo la merienda a las cinco y media. Tomo **un bocadillo de queso, un bollo** o **una ración de tortilla de española**.

188 ciento ochenta y ocho

Unidad 9 ¡Es un pedazo de pan!

> A las nueve o las nueve y media ceno cono mi familia. La cena es más ligera que la comida del mediodía. Tomo **huevos** o pescado con ensalada. Para beber tomo **agua**.

9.1 (B) Lee otra vez la descripción de las comidas españolas. Rellena los espacios del cuadro. Reread the description of Spanish meals in Section 9.1 (A). Fill in the blanks in the table.

COMIDA	HORA	COMIDA
D _ _ _ _ _ _ _		
Comida		
M _ _ _ _ _ _ _	5:30	
C _ _ _		Huevos, p_ _ _ _ _ _, e _ _ _ _ _ _ _ _

Did you notice?

- *Comida* has three meanings, depending on the context: lunch, food and meal!
- We use the verb TOMAR to say what food or drink we have.
- CENAR and DESAYUNAR are both –AR verbs, so *cena* and *desayuno* have two meanings depending on the context:
  - *la cena* (noun) – dinner
  - *cena* (from the verb CENAR) – he/she eats dinner
  - *el desayuno* (noun) – breakfast
  - *desayuno* (from the verb DESAYUNAR) – I eat breakfast

ciento ochenta y nueve 189

¿Qué Pasa? 1

Teacher CD Track 32

9.1 (C) Joaquín y Michael hablan de las comidas. Escucha el diálogo y une las imagenes a las palabras del texto en negrilla. Joaquín and Michael talk about meals. Listen to the conversation and match the images to the highlighted words in the text.

Joaquín: ¿Qué tomas de desayuno en Irlanda?

Michael: El desayuno típico en Irlanda consiste en **huevos fritos** con **salchichas**, **beicon** y pan tostado con **mantequilla** pero no se come eso todos los días. De desayuno tomo cereales, por ejemplo **copos de maíz** o muesli.

Joaquín: ¿Qué tomas en la comida del mediodía?

Michael: Al mediodía tomo un bocadillo de jamón con un yogur o fruta.

Joaquín: ¿Qué tomas de cena?

Michael: Cenamos a eso de las seis de tarde. De cena tomo carne con **patatas** y **verduras**, espaguetis con salsa de **tomate**, o **pollo** con **arroz**. Los fines de semana me gusta ir a un restaurante de comida rápida con mis amigos. Tomo **una hamburguesa** y **patatas fritas** y **un batido** o **un helado**.

Joaquín: ¿Cuál es tu plato favorito?

Michael: Me encanta la comida italiana. Mi plato favorito es **espaguetis a la boloñesa**.

(a) _____
(b) _____
(c) _____
(d) _____
(e) _____
(f) _____
(g) _____
(h) _____
(i) _____
(j) _____
(k) _____
(l) _____
(m) _____
(n) _____
(ñ) _____

190 ciento noventa

9.1 (D) Rellena los espacios. Fill in the blanks.

EL DESAYUNO

Las g __ __ l __ t __ s

Las m __ __ __ a __ __ nas

Las tostadas con tomate

El c __ __ é con l __ c __ __

El z __ m __ de __ a __ a __ __ a

Los copos de maíz

LA COMIDA

La s __ __ a

La carne

Las patatas

Las ve __ __ ur __ s

Las j __ __ í __ s v __ __ __ es

Los espaguetis

El p __ __ __ o

El a __ __ __ z

La hamburguesa

EL POSTRE

La f __ __ __ a

El yo __ u __

El f __ __ n

El helado

LA MERIENDA

El bollo

El b __ c __ d __ l __ __ de q __ __ s __

El bocadillo de jamón

La t __ __ __ i __ __ a

LA CENA

El p __ __ __ a __ o

La e __ s __ l __ __ a

Las patatas fritas

Los h __ __ v __ __

Teacher CD
Track 33

9.1 (E) Escucha y repite el vocabulario de arriba. Listen and repeat the vocabulary from above.

ciento noventa y uno **191**

9.1 (F) Lee el menú del colegio de Joaquín y contesta a las preguntas en inglés. Read Joaquín's school menu and answer the questions in English.

INSTITUTO LAS LOMAS – MENÚ DE LA SEMANA DEL 25 AL 29 DE ABRIL

	1ᵉʳ PLATO	2° PLATO	POSTRE
LUNES	Arroz con tomate y huevo	*Bacalao* con verduras	Fruta
MARTES	Paella mixta	Filete de pollo con ensalada	Yogur
MIÉRCOLES	Judías verdes con patatas	Pescado con ensalada	Flan
JUEVES	Espaguetis con salsa carbonara	Filete de *merluza* con ensalada	Fruta
VIERNES	Puré de verduras	*Albóndigas* con patatas fritas	Yogur

(a) On what day can you have flan for dessert?
(b) What is the first course on Thursday?
(c) On what day can you have chicken?
(d) What is the dessert on Friday?
(e) What is the second course on Wednesday?
(f) On what days can you have fruit for dessert?
(g) What is the first course on Wednesday?
(h) What is the first course on Monday?
(i) Use your dictionary to find the meaning of *bacalao*, *merluza* and *albóndigas*.

9.1 (G) Trabaja con tu compañero/a. Haz un menú de la semana para tu cole. Escríbelo en tu cuaderno. Work with a partner. Make a menu for the week for your school. Write it in your copy.

Página 86

9.1 (H) ¡Vamos a hablar! Prepara tus respuestas en tu diario de aprendizaje. Prepare your answers in your learning diary.

Unidad 9 ¡Es un pedazo de pan!

Habla con tu compañero/a de clase de la comida. Ask a classmate about what he/she eats. You can use the questions below to help you.

(a) ¿A qué hora desayunas?
(b) ¿Qué tomas de desayuno?
(c) ¿Qué tomas en la comida del mediodía?
(d) ¿Qué tomas de postre?
(e) ¿A qué hora cenas?
(f) ¿Qué tomas de cena?
(g) ¿Cuál es tu plato favorito?
(h) ¿Vas muchas veces a comer o cenar a restaurantes?
(i) ¿Comes mucha comida rápida?

9.1 (I) Entrevista con tu compañero/a. Interview your partner. Use the questions in Section 9.1 (H). Record your interviews with a smartphone or tablet. In groups of four, watch your interviews to correct each other's work. Identify two common mistakes and two questions that everybody found easy to answer.

Student CD
Track 58

9.1 (J) Escucha a Nuria y contesta a las preguntas en español. Listen to Nuria and answer the questions in Spanish.

(a) ¿A qué hora desayuna Nuria?
(b) ¿Qué toma de desayuno?
(c) ¿Qué toma en la comida del mediodía?
(d) ¿Qué toma de postre?
(e) ¿A qué hora cena?
(f) ¿Qué toma de cena?
(g) ¿Cuál es su plato favorito?
(h) ¿Va muchas veces a comer o cenar a restaurantes?
(i) ¿Come mucha comida rápida?

Watch the slideshow for PowerPoint 9(a) on different food types.

ciento noventa y tres

9.2 ¡Me gusta la paella!

¿Te gusta la comida española?

Sí. Me gusta la paella. ¡Qué rica! También me gustan los churros. Pero no me gustan las magdalenas. Son dulces.

Joaquín asks the question ¿*te gusta...*? And Michael replies with *me gusta...* Why does Michael say *me gusta la paella* but *me gusta**n** los churros*?

Consider the following examples:

- Me gusta la pizza.
- ¿Te gusta el pescado?
- Me gusta**n** las galletas.
- No te gusta**n** los churros.
- Me gusta comer en la casa de mi abuela.
- No me gusta beber Coca-Cola.

9.2 (A) GUSTAR

There are only two forms of GUSTAR in the present tense:

- We use _____ before singular nouns.
- We use _____ before verb infinitives.
- We use _____ before plural nouns.

Ejemplos:

– *Me gustan* las patatas fritas. – No *me gusta* bailar. – *Te gustan* las verduras.

– *¿Te gusta* el helado? – *Te gusta* escuchar música.

Did you notice the use of **me** *gusta* and **te** *gusta*?

With the verb GUSTAR, we always need a pronoun before it.

Me gusta la limonada	*I like lemonade*	**Me** gustan las manzanas	*I like apples*
Te gusta el té	*You like tea*	**Te** gustan los plátanos	*You like bananas*
Le gusta el vino	*He/She likes wine*	**Le** gustan las uvas	*He/She likes grapes*
Nos gusta la cerveza	*We like beer*	**Nos** gustan las fresas	*We like strawberries*
Os gusta la leche	*You (plural) like milk*	**Os** gustan las peras	*You (plural) like pears*
Les gusta el agua con gas	*They like fizzy water*	**Les** gustan las naranjas	*They like oranges*

- As with other verbs, to make the sentence negative, we simply put *no* before it.

Ejemplos:

– <u>Me gustan</u> las fresas   *I like strawberries*

– <u>No me gustan</u> las fresas   *I don't like strawberries*

Unidad 9 ¡Es un pedazo de pan!

9.2 (B) ¿Te gusta...? Escribe las frases en tu cuaderno. Do you like...? Write the sentences in your copy.

(a) ✔  Me gustan las uvas.

(b) ✗  No me gustan las uvas.

(c) ✗

(d) ✔

(e) ✗

(f) ✔

(g) ✔

(h) ✗

(i) ✔

(j) ✗

(k) ✔

(l) ✗

9.2 (C) Clasifica la comida en la columna adecuada. Put the items of food and drink into the correct column.

las albóndigas	la merluza	el bacalao	las peras	la cerveza
el café	las manzanas	las salchichas	el té	el pan
el arroz	las galletas	los espaguetis	las magdalenas	la hamburguesa
las naranjas	la limonada	la leche	el zumo de naranja	las patatas
el pollo	los copos de maíz	las uvas	el jamón	el atún
el vino	las fresas	el beicon	los plátanos	el salmón

BEBIDAS	CARNE	PESCADO	FRUTA	OTROS

ciento noventa y cinco **195**

9.2 (D) Completa el crucigrama. Complete the crossword.

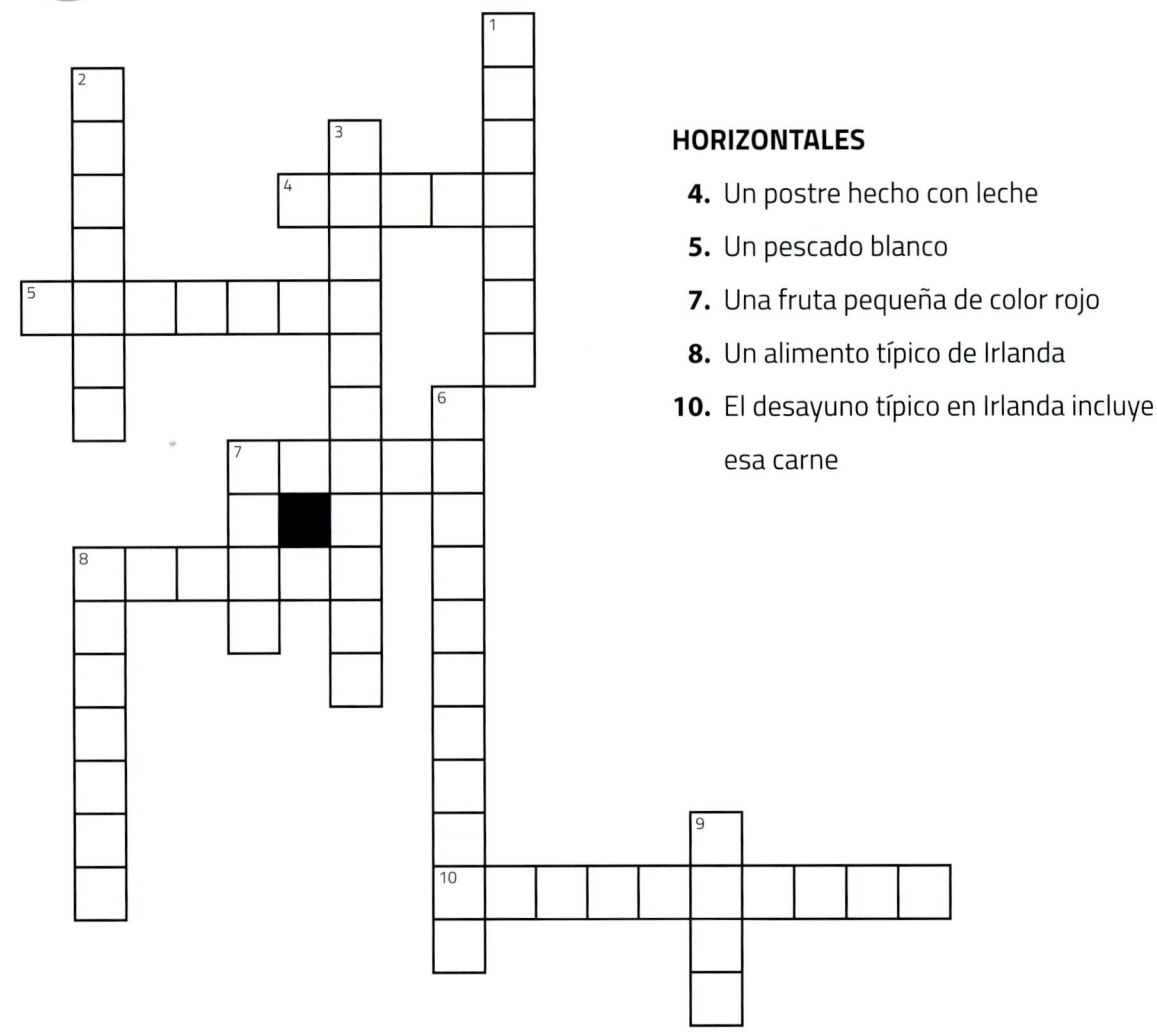

HORIZONTALES

4. Un postre hecho con leche
5. Un pescado blanco
7. Una fruta pequeña de color rojo
8. Un alimento típico de Irlanda
10. El desayuno típico en Irlanda incluye esa carne

VERTICALES

1. En España se come chocolate con _____
2. Una fruta. Normalmente de color rojo o verde.
3. Un cereal. Se come de desayuno.
6. Una comida típica de los Estados Unidos
7. Un postre típico de España
8. Una fruta de color amarillo
9. Una bebida alcohólica hecha con uvas

Unidad 9 ¡Es un pedazo de pan!

Teacher CD Track 34

9.2 (E) Lee y escucha la conversación entre Joaquín y su amiga María.
Read and listen to the conversation between Joaquín and his friend María.

Joaquín: ¿Dígame?

María: Hola, Joaquín. Soy yo, María.

Joaquín: ¿Cómo estás, María?

María: Bien gracias. ¿Y tú?

Joaquín: Mal. Los deberes de matemáticas son muy difíciles.

María: Yo he olvidado mi libro de matemáticas. Está en mi taquilla del cole. Oye, ¿os apetece venir a mi casa a cenar con mi familia este viernes?

Joaquín: Sí. ¡Qué buena idea! A Michael le gusta mucho la comida española y sé que tu padre es buen cocinero.

María: Sí, es verdad. Mi padre va a hacer una paella grande este viernes para mí y mis amigos. *Mi padre es un pedazo de pan.* ¿A Michael le gusta el arroz?

Joaquín: Sí, sí, le gusta el arroz.

María: Perfecto. Vamos a cenar a eso de las nueve.

Joaquín: Gracias por la invitación. Nos vemos el viernes.

María: Vale, hasta el viernes. ¡Chao!

Joaquín: ¡Adiós!

Elige la respuesta correcta. Choose the correct answer.

(a) Joaquín hace sus deberes de *ciencias / matemáticas / geografía / historia*.

(b) María ha olvidado su *cuaderno / mochila / libro / bolígrafo*.

(c) María invita a Joaquín y Michael a cenar en su casa este *viernes / sábado / domingo / lunes*.

(d) *La madre / el padre / la hermana / el tío* de María es un buen cocinero.

(e) Van a comer *una paella / una pizza / una tortilla*.

(f) A Michael le gusta *la carne / el pescado / el arroz / la leche*.

(g) Van a cenar a las *siete y media / ocho / ocho y media / nueve*.

Did you notice that Joaquín said **A** *Michael le gusta mucho la comida española* and María asks ¿**A** *Michael le gusta el arroz?* If you name a person before the verb GUSTAR, you put *a* before the name.

• Ejemplos:
 – Le gusta el pescado   *He likes fish*
 – **A Michael** le gusta el pescado   ***Michael** likes fish*
 – **A mi hermana** le gusta el pescado ***My sister** likes fish*
 – Nos gusta el pescado   *We like fish*

Did you notice that María said *Mi padre es un pedazo de pan?* Literally, this means: *My dad is a piece of bread.* This expression (*ser un pedazo de pan*) is used to say that somebody is a really nice person. María is saying her dad is great!

ciento noventa y siete **197**

9.2 (F) Trabajad en grupos. Pregunta a tus compañeros ¿Te gusta...? Work in groups. Ask your classmates 'Do you like...?' Choose any food item from the box.

Ejemplo: ¿Te gustan las fresas?   Sí, me gustan las fresas.

Ahora escribe seis frases en tu cuaderno con la información de tus compañeros. Now write six sentences in your copy with the information from your classmates.

- Ejemplos:
    – A Freya y Sophie les gusta la leche.   – A Cian no le gusta la leche.

9.2 (G) Lee los textos y contesta a las preguntas. Read the texts and answer the questions.

El Café Central de Madrid

¡Ven a visitarnos!

El Café Central de Madrid es una de las cafeterías más populares de la ciudad. Está situado en la Plaza del Ángel en el corazón de Madrid.

El café se abre a las doce y media de la mañana y cierra a las dos y media de la madrugada.

Se sirven platos típicos como pescado, carne y ensaladas. También ofrece platos internacionales como pollo al curry y hamburguesas. Tiene fama por su deliciosa tarta de queso.

Se ofrece acceso a Internet wifi a todos los clientes. A las nueve y media de la noche se puede disfrutar de un concierto de jazz que celebran a diario.

Contesta en español. Answer in Spanish.
- (a) ¿Dónde está el Café Central?
- (b) ¿A qué hora se abre?
- (c) ¿A qué hora hay conciertos?
- (d) ¿Qué tipo de música es?

Contesta en inglés. Answer in English.
- (a) What typical food can you eat at the Café Central?
- (b) What international dishes do they serve?
- (c) For what type of cake is the café famous?
- (d) What free service does the café offer its customers?

2

Paella valenciana

Una receta fácil para seis personas

Tiempo de realización: cuarenta y cinco minutos

Ingredientes:

500g de arroz	2 dientes de ajo	conejo	azafrán
2 cebollas	un pimiento rojo	100ml de vino blanco	sal y pimienta
3 tomates	pollo	1 litro de agua	

Contesta en inglés. Answer in English.

(a) How many people is this recipe for?
(b) How long does it take to make?
(c) How much water is needed?
(d) What kind of wine is needed?
(e) Name three other ingredients.
(f) Find the words for *salt and pepper* in the text.
(g) Find the words for *a red pepper* in the text.

3

LOS NIÑOS ESPAÑOLES ESTÁN ENTRE LOS MÁS GORDOS DEL MUNDO

Según una encuesta reciente el veinticuatro por ciento de niños de entre cinco y seis años tiene sobrepeso. La encuesta revela que las causas de la obesidad entre niños son la falta de ejercicio y la tendencia a tomar comida rápida.

En las escuelas de primaria se ha prohibido la comida rápida en los comedores. Los niños pueden comer fruta, verduras, ensaladas y arroz. De beber las escuelas ofrecen agua, leche o zumo de fruta natural.

Contesta en inglés. Answer in English.

(a) What age were the children who were surveyed for this report?
(b) What has been banned from primary school cafeterias?
(c) Name three foods that will be available in primary schools.
(d) Name two drinks that will be available in primary schools.

9.3 ¡Vamos a hacer la compra!

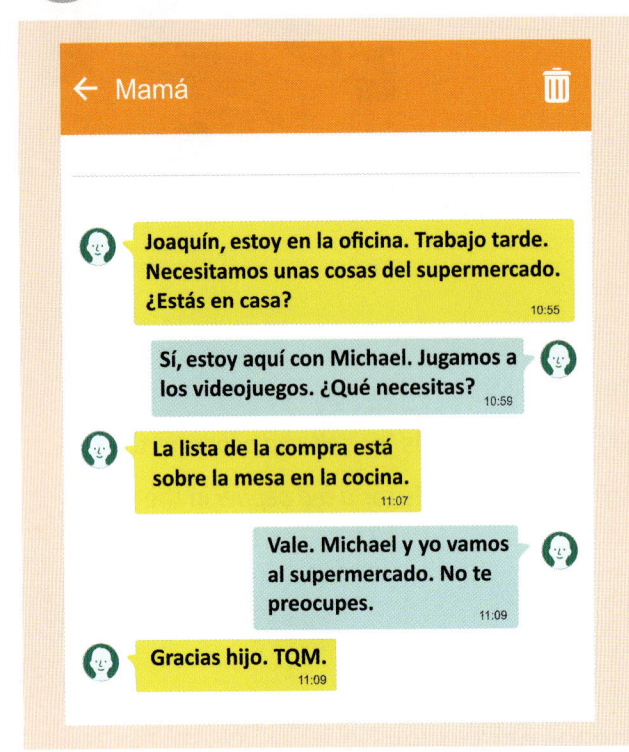

Student CD Track 59

9.3 (A) Escucha y rellena la lista de la compra. Listen and fill in the shopping list.

Mamá

Joaquín, estoy en la oficina. Trabajo tarde. Necesitamos unas cosas del supermercado. ¿Estás en casa?
10:55

Sí, estoy aquí con Michael. Jugamos a los videojuegos. ¿Qué necesitas?
10:59

La lista de la compra está sobre la mesa en la cocina.
11:07

Vale. Michael y yo vamos al supermercado. No te preocupes.
11:09

Gracias hijo. TQM.
11:09

La lista de la compra
1. 3 naranjas
2.
3.
4.
5.
6.

9.3 (B) Lee las listas de la compra y une cada lista a un carrito. Read the shopping lists and match each list to a shopping trolley.

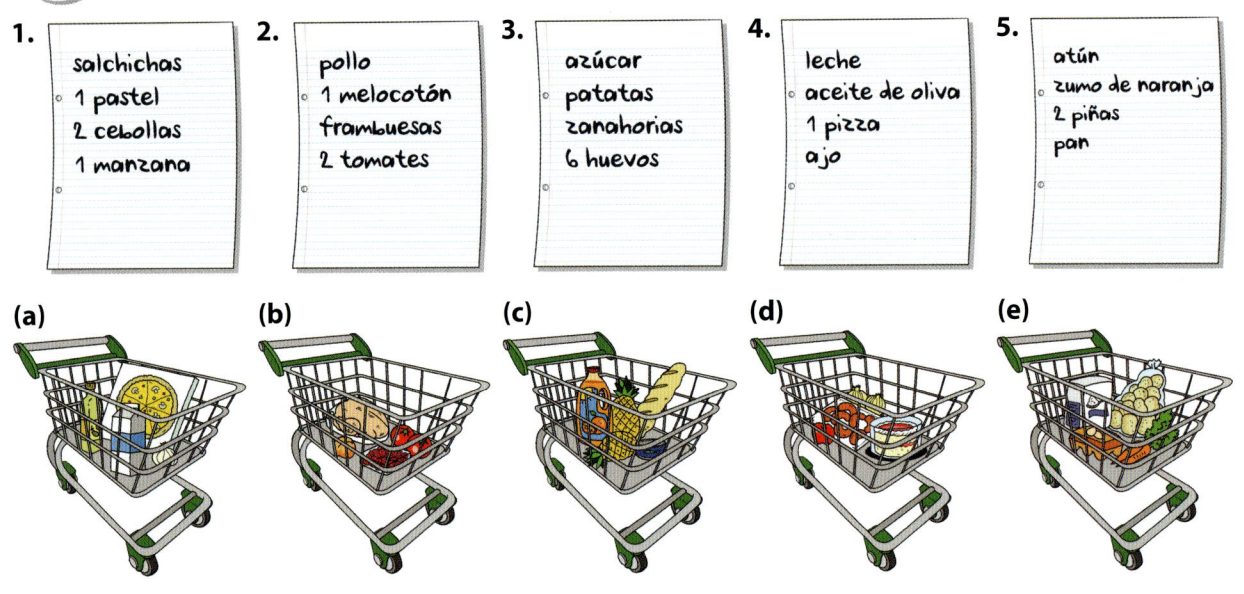

1.
salchichas
1 pastel
2 cebollas
1 manzana

2.
pollo
1 melocotón
frambuesas
2 tomates

3.
azúcar
patatas
zanahorias
6 huevos

4.
leche
aceite de oliva
1 pizza
ajo

5.
atún
zumo de naranja
2 piñas
pan

(a) (b) (c) (d) (e)

Unidad 9 ¡Es un pedazo de pan!

9.3 (C) ¿Qué hay en tu carrito? Escribe la lista de la compra para cada carrito en tu cuaderno (¡el vocabulario de 9.3 (B) puede ayudarte!).
What's in your trolley? Write the shopping list for each trolley below. The vocabulary in Section 9.3 (B) can help you!

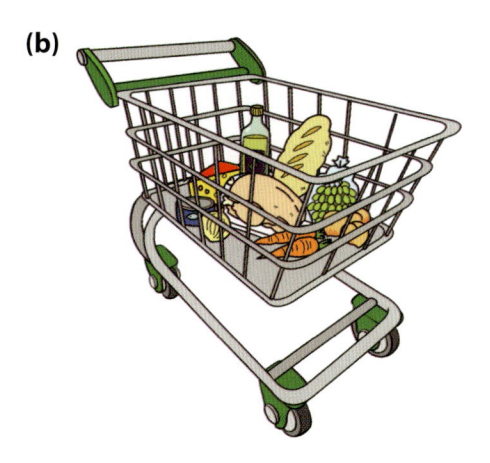

(a)

(b)

Watch the slideshow for PowerPoint 9(b) on different types of shops.

9.3 (D) Clasifica los productos en la tienda adecuada.
Write the products under the correct shop.

la merluza	las uvas	el lápiz	el helado
el pan	las flores	el bacalao	las salchichas
las aspirinas	el arroz	el pollo	el atún
el bolígrafo	la revista	las magdalenas	el libro
las hamburguesas	el pastel	los antibióticos	las rosas

PANADERÍA	CARNICERÍA	PESCADERÍA	SUPERMERCADO

PAPELERÍA	LIBRERÍA	FARMACIA	FLORISTERÍA

doscientos uno

Student CD
Tracks 60–63

9.3 (E) Escucha los diálogos. Listen to the dialogues.

Dependiente: Hola, buenos días.

Ana: ¡Hola! Quiero un kilo de patatas y seis plátanos por favor.

Dependiente: Aquí tiene. ¿Algo más?

Ana: No gracias. ¿Cuánto es?

Dependiente: Tres euros con ochenta.

Escucha tres diálogos más y con cada diálogo contesta a las preguntas en español. Listen to three more dialogues and for each dialogue answer the questions in Spanish.

(a) ¿Qué compra la mujer?

(b) ¿Cuánto cuesta?

(c) ¿En qué tienda está?

Página 87

9.3 (F) Imagina que estás en una tienda. Escribe unos diálogos cortos en tu diario de aprendizaje. Imagine you are in a shop. Write short role plays in your learning diary.

9.3 (G) Practica tus diálogos con tu compañero/a. Practise your role plays with your partner.

9.4 Un correo electrónico de Lucía

Student CD Track 64

9.4 (A) Joaquín recibe un correo electrónico de Lucía. Escucha y rellena los espacios.
Joaquín receives an email from Lucía. Listen and fill in the blanks.

De: **lucíaperu.21@hotmail.com**
A: **joaquin.gf@yahoo.es**
Fecha: **02 mayo**

Hola Joaquín:

Gracias por tu email. Lo recibí el (a) _____ pasado. Me preguntaste ¿cuál es mi (b) _____ favorita? Pues aquí en Perú la comida es bastante variada. De (c) _____ tomo un café y pan con (d) _____ o queso. La comida más grande del día es la comida del mediodía. Tomo dos platos y un (e) _____. De primero tomo una (f) _____ o una sopa y de segundo tomo pollo con (g) _____ o (h) _____ con papas. De cena tomo (i) _____ o jamón con olivas y (j) _____. Mi plato favorito es un plato tradicional de Perú, se llama ceviche. Es un plato con (k) _____ fresco y con zumo de limón o lima. ¡Qué rico! A mi hermana Andrea le encanta el (l) _____ a la brasa que se sirve con papas fritas. Nos gusta (m) _____.
Tengo hambre ahora. ¡Me voy a cenar!

Escríbeme pronto
Besos
Lucía

9.4 (B) Lee el correo electrónico otra vez y contesta en español. Reread the email and answer in Spanish.

(a) ¿Qué desayuna Lucía?
(b) ¿Qué toma Lucía para comer?
(c) ¿Qué cena Lucía?
(d) ¿Cuál es su plato favorito?
(e) ¿Qué le gusta a Andrea?
(f) ¿Qué significa *tengo hambre*? Usa el diccionario.

¿Qué Pasa? 1

Página 88

> Did you notice that *patatas* in Spain are called *papas* in Peru?

9.4 (C) Escribe un correo electrónico a Lucía en tu diario de aprendizaje. Write an email to Lucía in your learning diary.

9.5 ¿Tienes hambre?

9.5 (A) Frases con TENER

We know the verb TENER means *to have* (e.g. *tengo un hermano*), but it can be used in a variety of other expressions. We have already seen TENER used to express age (e.g. *tengo trece años*). In the email from Lucía on page 203, she said *Tengo hambre* (I am hungry). Study the different uses of TENER in the box below.

TENER hambre	to be hungry	TENER razón	to be right
TENER sed	to be thirsty	TENER sueño	to be sleepy
TENER calor	to be warm	TENER miedo	to be frightened
TENER frío	to be cold	TENER prisa	to be in a hurry
TENER suerte	to be lucky		

Ejemplos:
- *Tengo frío* 
- *Manuel tiene sueño* 
- *Tenemos sed*

204 doscientos cuatro

9.5 (B) ¿Tienes hambre? Lee los textos y contesta a las preguntas. Are you hungry? Read the texts and answer the questions.

1

I.E.S. César Rodríguez

Semana del 18 al 22 de abril

LUNES 18
- Paella mixta
- Filete de merluza con ensalada
- Fruta/Lácteo

MARTES 19
- Judías verdes con patata
- Pollo en pepitoria con arroz
- Fruta/Lácteo

MIÉRCOLES 20
- Puré de verduras
- Cinta de lomo con patatas fritas
- Fruta/Lácteo

JUEVES 21
- Lentejas con chorizo
- Croquetas con ensalada
- Fruta/Lácteo

VIERNES 22
- Canelón de atún
- Escalope de pollo con ensalada
- Fruta/Lácteo

Contesta en español. Answer in Spanish.

(a) ¿En qué día se sirve merluza?
(b) ¿Qué hay de segundo plato el viernes?
(c) ¿Cuántos días se sirve ensalada?
(d) ¿Qué hay de primer plato el martes?
(e) ¿En qué fecha se sirve atún?
(f) ¿Qué hay de primer plato el lunes?
(g) ¿Cómo se llama el colegio?

2

Diego: Yolanda, tengo hambre. ¿Hay un restaurante por aquí?

Yolanda: Sí. El Restaurante Carmela está a cinco minutos de aquí. Está enfrente de la catedral.

Diego: ¿Qué tipo de comida hace?

Yolanda: Pues hay de todo. Tienen hamburguesas, ensaladas, tortillas y pescados. Las albóndigas son muy ricas.

Diego: ¡Perfecto! Me gustan mucho las albóndigas. ¿Vamos?

Yolanda ¡Vale! Espera, ¿qué hora es?

Diego: Son las once de la mañana.

Yolanda: *¡Qué pena!* El restaurante no abre hasta el mediodía.

Diego: No me digas. Tengo mucha hambre.

Yolanda: Tengo una manzana en mi mochila. ¿La quieres?

Contesta en español con *frases completas*. Answer in Spanish with full sentences.

(a) ¿Dónde está el restaurante?
(b) ¿Qué tipo de comida hace?
(c) ¿Qué plato le gusta a Diego?
(d) ¿A qué hora abre el restaurante?
(e) ¿Qué tiene Yolanda en su mochila?
(f) ¿Qué significa *¡Qué pena!*? Usa el diccionario.

3

Pizza de la Huerta

Masa fresca, pimiento rojo asado, pimiento verde, cebolla, champiñón, aceitunas negras, topping a base de mozzarella y tomate.

Tu pizza recién hecha con ingredientes naturales: Pimiento verde, pimiento rojo asado, cebolla, aceitunas y champiñones sana y equilibrada.

Pizza Calzone Vegetal

Masa calzone, tomate, topping a base de mozzarella, pimiento morrón, aceitunas negras y champiñón.

¿Quieres probar una pizza diferente? Prueba nuestra mejor selección de vegetales envueltos en una crujiente y deliciosa masa calzone.

La Ibérica

Una exquisita selección de jamón ibérico de cebo acompañado de finas rodajas de tomate natural y un toque de aceite de oliva sobre una crujiente masa.

Supreme

Masa fresca, salsa carbonara, bacon, jamón, champiñón y extra de salsa barbacoa.

Una base de salsa carbonara, sabroso bacon, jamón, champiñón y extra de nuestra inimitable salsa barbacoa. Todo sobre nuestra masa recién horneada y estirada a mano.

Pizza Jalisco

Masa fresca, aceitunas negras, cebolla, pimiento morrón, carne de vacuno

Nuestra pizza con receta mejicana, salsa jalisco, carne de vacuno, cebolla, pimiento morrón, aceitunas negras. ¡Pruébala manito!

Contesta en inglés. Answer in English.

(a) Which two pizzas are suitable for vegetarians?

(b) How many pizzas have onion as a topping?

(c) Which pizza is made following a Mexican recipe?

(d) Name three ingredients of the pizza de la Huerta.

(e) Which pizza has barbecue sauce on it?

(f) Find the words for *black olives*.

9.6 ¡Practicamos!

9.6 (A) Busca diez frutas o verduras en la sopa de letras. Find ten fruits and vegetables in the word search.

Z	A	N	A	R	A	N	J	A	F	D	J	B	Q	J
H	A	L	U	T	R	F	F	R	Z	D	N	G	E	O
D	J	N	L	D	C	X	A	D	K	V	I	F	N	K
J	E	J	A	O	Í	M	H	T	Y	G	I	A	W	I
G	A	B	U	H	B	A	K	S	M	Z	T	L	M	J
L	D	Z	J	U	O	E	S	U	E	Á	H	H	E	G
J	O	C	E	Y	P	R	C	O	L	Y	A	Q	C	T
W	N	S	P	T	F	I	I	P	O	Y	V	X	T	I
X	A	I	T	W	D	I	V	A	C	R	T	R	Q	R
M	A	N	Z	A	N	A	N	C	O	G	O	C	G	S
F	Z	V	E	U	H	L	A	H	T	A	T	U	E	D
R	M	P	D	F	N	A	P	X	Ó	K	R	R	T	B
E	G	K	G	R	N	P	O	T	N	E	I	M	I	P
S	Z	X	U	J	H	I	N	J	Z	G	E	F	F	O
A	N	U	J	U	D	Í	A	S	V	E	R	D	E	S

210 doscientos diez

Unidad 9 ¡Es un pedazo de pan!

9.6 (B) Rellena el cuadro con las palabras del recuadro de abajo. Fill in the table with the words in the box below.

cena	desayuno	1:00	magdalenas
bocadillo de jamón	9:00	comida	
7:30	5:30	tostadas	
huevos con ensalada	merienda	carne con patatas	

COMIDA	HORA	ALIMENTOS

9.6 (C) Lee el texto y contesta en inglés. Read the text and answer in English.

Tortilla española

Una receta superfácil para cinco personas

Tiempo de realización: veinte minutos

Ingredientes:

seis huevos   una cebolla grande   sal

seis patatas grandes   aceite de oliva

(a) For how many people is this dish?

(b) How long does it take to cook this dish?

(c) How many eggs are needed for this recipe?

(d) Apart from eggs, name two ingredients in the recipe.

¿Qué Pasa? 1

Student CD Track 65

9.6 (D) Escucha y rellena la lista de la compra en español. Listen and fill in the shopping list in Spanish.

1.
2.
3.
4.
5.
6.
7.
8.

Student CD Track 66

9.6 (E) Escucha y contesta en español. Listen and answer in Spanish.

(a) ¿A qué hora desayuna Cristina?
(b) ¿Qué desayuna?
(c) ¿Qué toma de primer plato al mediodía?
(d) ¿Qué toma de segundo plato al mediodía?
(e) ¿Qué frutas toma de postre?
(f) ¿Qué bebe?
(g) ¿A qué hora merienda?
(h) ¿Qué toma de merienda?
(i) ¿A qué hora cena?
(j) ¿Qué toma de cena?
(k) ¿Qué no le gusta comer?

9.6 (F) Escribe las preguntas que corresponden a estas respuestas. Here are some answers; now write the questions!

Ejemplo: Me llamo Vicky. *¿Cómo te llamas?*

(a) Desayuno a las siete de la mañana.
(b) Mi plato preferido es pollo con arroz.
(c) No voy mucho a restaurantes.
(d) No. No me gustan las patatas fritas.
(e) De cena tomo carne con patatas y verduras.
(f) Sí, tengo mucha hambre.

Unidad 9 ¡Ponte a prueba!

Página 93–94

Watch the video for Unidad 9.

Ordena tus conocimientos de la unidad 9 y ponte a prueba en tu diario de aprendizaje. In your learning diary, sort your learning from Unit 9 and test yourself to see what you have learned.

	🙂	😐	☹️
I can talk about the food I like to eat			
I can ask somebody about what food they like to eat			
I can understand basic recipes and menus			
I recognise typical dishes from Spain and other Spanish-speaking countries			
I can ask for items in a shop and ask for the price			
I can use the verbs GUSTAR and TENER			

doscientos trece

UNIDAD 10

¡Aprender español es coser y cantar!

By the end of this chapter, you will be able to:

- Say what you like to do in your free time
- Ask someone about their hobbies
- Invite a friend to go out
- Name different sports, musical instruments and leisure activities
- Listen to a Spanish song
- Follow a game of *pádel*
- Write about your favourite group or singer
- Make a brochure
- Write a tweet
- Use stem-changing verbs

Go to **www.edco.ie/quepasa1** for interactive activities and quizzes based on this unit.

Did you know that when a Spanish football team wins a league or cup, the fans take to the streets to celebrate? Barcelona fans gather at *la fuente de Canaletas* (Canaleta's fountain), Real Madrid fans gather at *la fuente de Cibeles* (Cibeles' fountain), while Atlético Madrid fans head to *la fuente de Neptuno* (Neptuno fountain).

el fútbol
el pádel
cantar
el tenis
un videojuego
el cine

214 doscientos catorce

Unidad 10 ¡Aprender español es coser y cantar!

10.1 ¿Qué haces en tu tiempo libre?

Rubén: Juego al tenis a las seis. ¿Quieres venir con Michael para ver el partido?

No puedo. Vamos a salir con María esta tarde.

Rubén: ¿Adónde vais?

Vamos a cine para ver La Guerra de las Galaxias.

Rubén: ¡Genial!

10.1 (A) Elige la respuesta correcta. Choose the correct answer.

1. Rubén juega al *fútbol / tenis / hockey / baloncesto* esta tarde
2. Juega a las *cinco / cinco y media / seis / seis y media*
3. Rubén invita a *Joaquín y Michael / Joaquín y María / Michael y María / María*
4. Joaquín, Michael y María van al *parque / supermercado / teatro / cine*

Teacher CD
Tracks 35–38

10.1 (B) A Rubén le gusta jugar al tenis. ¿Y a ti? ¿Te gusta el tenis? ¿Qué te gusta hacer en tus ratos libres? ¿Cuáles son tus pasatiempos?

Escucha a cuatro jóvenes hablando de sus hobbies y lee los textos. Listen to four young people talking about their hobbies and read the texts.

Rocío

Soy muy deportista. Me encantan los deportes. Juego al baloncesto y hago footing. Los martes y los jueves voy al *entrenamiento* del *equipo* de baloncesto de mi colegio. Los sábados suelo jugar un *partido* de baloncesto contra equipos de otros colegios. Me gusta hacer *footing* con mi madre los domingos por la mañana en el parque cerca de nuestro piso. No me interesa mucho la música y no toco ningún instrumento. En mi tiempo libre me gusta leer libros o ver la televisión. Mi programa favorito se llama El hormiguero.

Juego al baloncesto

doscientos quince **215**

Sergio

Los fines de semana suelo ir al cine con mi novia Daniela. Nos gustan las *películas* de terror y las comedias. No me gustan las películas románticas porque son muy aburridas pero a Daniela le encantan. No salimos todos los fines de semana. A veces Daniela viene a mi casa y jugamos con videojuegos o vemos películas porque mis padres tienen Netflix. Cuando tengo tiempo libre chateo con mis amigos por WhatsApp o me meto en Facebook con mi *teléfono inteligente*.

Me gusta ver películas

Blanca

Mis pasatiempos preferidos son bailar, tocar la *batería* y salir con mis amigos. Los martes después de las clases voy a clase de baile en mi colegio. Los viernes por la noche suelo salir con mis amigos a una discoteca light. Nos encanta bailar y charlar en la discoteca. Los sábados por la tarde toco la batería con un grupo de amigos. Tenemos un grupo de música rock. Mi novio Adrián canta en el grupo. También me encanta leer. Mis libros favoritos son los libros de Harry Potter. Son muy divertidos.

Toco la batería

Álvaro

No soy muy deportista pero me gusta mucho la música. Canto en un coro, toco la guitarra y toco la flauta con una joven *orquesta*. Me encanta todo tipo de música: la música clásica, el pop, el rock y el hip-hop. Mis cantantes favoritos son Drake y Malú. A veces bajo música de iTunes y escucho música en mi dormitorio con mi ordenador portátil. A mis amigos y a mí nos gusta ir a los conciertos de nuestros grupos favoritos.

Escucho música

Unidad 10 ¡Aprender español es coser y cantar!

1 ¿Verdadero o falso? True or false?

(a) Rocío es muy deportista.
(b) Sergio no tiene novia.
(c) Álvaro toca la guitarra.
(d) A Blanca le gusta bailar.
(e) A Sergio le gustan las películas románticas.
(f) Rocío juega al baloncesto los lunes.
(g) Álvaro hace mucho deporte.
(h) Blanca tiene clase de baile los martes.

2 Contesta en español. Answer in Spanish.

(a) ¿Cuándo hace Rocío footing con su madre?
(b) ¿Cuál es el programa favorito de Rocío?
(c) ¿Qué tipo de películas le gustan a Sergio?
(d) ¿Quién es Daniela?
(e) ¿Cuándo va Blanca a clase de baile?
(f) ¿Cómo se llama el novio de Blanca?
(g) ¿Qué instrumentos toca Álvaro?
(h) ¿Quiénes son los cantantes favoritos de Álvaro?

3 ¿Cómo se dice en español? Busca las frases en el texto. How do you say it in Spanish? Find the phrases in the text.

(a) I love sports
(b) On Saturdays I usually play a match
(c) I usually go to the cinema
(d) I go on Facebook
(e) I play the drums
(f) I love reading
(g) I play the flute in a youth orchestra
(h) Sometimes I download music

4 ¿Qué significa...? Si no lo sabes busca la palabra en el diccionario. What does ... mean? Use a dictionary if necessary.

(a) el entrenamiento
(b) el equipo
(c) el partido
(d) el footing
(e) la película
(f) el teléfono inteligente
(g) la batería
(h) la orquesta

¿Jugar o tocar?

Did you notice that there are two verbs meaning *to play*?

_____ = to play (an instrument)
_____ = to play (a sport)

¿Me encanta o me encantan?

Did you notice that the verb ENCANTAR works just like the verb GUSTAR?

me encantan las películas
_____ la música
_____ los deportes
_____ bailar

doscientos diecisiete

¿Qué Pasa? 1

10.1 (C) Une las palabras a los dibujos. Match the phrases to the illustrations.

1. baloncesto   golf   fútbol   rugby   voleibol   tenis   hockey

Juego al...

2. el clarinete   la batería   el violín   la flauta   el piano   la guitarra

Toco...

218   doscientos dieciocho

Unidad 10 ¡Aprender español es coser y cantar!

This unit began with the phrase *Aprender español es coser y cantar* (literally: *Learning Spanish is sewing and singing*), meaning that learning Spanish is easy peasy! Did you notice that the Spanish words for sports and musical instruments are very similar to the English words? We can say *¡Aprender español es coser y cantar!*

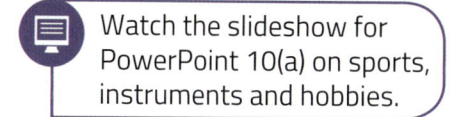

Student CD Tracks 67–70

Watch the slideshow for PowerPoint 10(a) on sports, instruments and hobbies.

10.1 (D) ¿Cuáles son tus pasatiempos favoritos? Escucha y contesta en español.
What are your favourite hobbies? Listen and answer in Spanish.

1. Julia
- (a) ¿Cuáles son sus hobbies? (menciona 2)
- (b) ¿Cuándo entrena con el equipo del colegio?

2. Alejandro
- (a) ¿Cuáles son sus pasatiempos favoritos? (menciona 2)
- (b) ¿Qué instrumento toca?
- (c) ¿Qué hace los sábados por la noche?

3. Manuel
- (a) ¿Cuándo juega partidos de fútbol contra otros equipos?
- (b) ¿Con quién juega al tenis?

4. Paula
- (a) ¿Cuáles son sus hobbies? (menciona 2)
- (b) ¿Por qué no tiene mucho tiempo libre?

10.2 Unos verbos irregulares

Leemos otra vez la conversación entre Rubén y Joaquín…

Rubén: Juego al tenis a las seis. ¿Quieres **venir** con Michael para **ver** el partido?

No puedo. Vamos a **salir** con María esta tarde.

Salir, *venir* y *ver* son verbos irregulares.

doscientos diecinueve

10.2 (A) Rellena el cuadro con la forma correcta de los verbos. Fill in the chart with the correct form of the verbs.

> vienes   salimos   ven   sale   venís   ves   salen   vemos

	SALIR *(to go out)*	**VENIR** *(to come)*	**VER** *(to see)*
yo	sal**go**	ven**go**	v**eo**
tú	sales		
él / ella		viene	ve
nosotros / as		venimos	
vosotros / as	salís		veis
ellos / ellas		vienen	

Página 15

Rellena los verbos SALIR, VENIR y VER en tu diario de aprendizaje. Fill in the verbs SALIR, VENIR and VER in your learning diary.

10.2 (B) Rellena los espacios en blanco con la forma correcta del verbo entre paréntesis. Fill in the blanks with the correct form of the verb in brackets.

(a) Nosotros *salimos* (salir) los sábados por la noche.
(b) Yo _____ (venir) de una fiesta.
(c) Michael y Joaquín _____ (ver) una película.
(d) Yo _____ (salir) el domingo por la tarde.
(e) María _____ (venir) al cine.
(f) Nosotros _____ (ver) la televisión.
(g) Me encanta _____ (salir) con mis amigos.
(h) ¿Vosotros _____ (venir) al partido?
(i) ¿Te gusta _____ (ver) la tele?
(j) ¿Vosotros _____ (salir) esta noche?

220   doscientos veinte

10.2 (C) Verbos que cambian de raíz

You have seen and heard *juego* (I play) from the verb JUGAR (to play). Do you notice anything unusual about the spelling of *juego*?

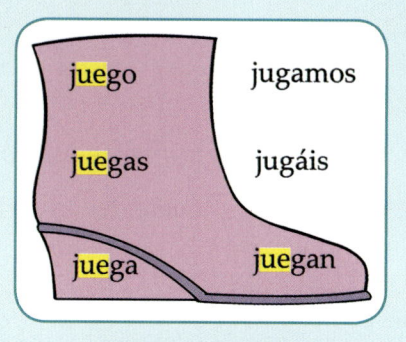

juego	jugamos
juegas	jugáis
juega	**jue**gan

JUGAR (u–ue) *to play*

You may have noticed that the verb endings are the same as for regular –AR verbs, but the *u* changes to *ue* in every form of the verb except the nosotros and vosotros forms.

There are a number of verbs that change in the same boot-shaped pattern. In JUGAR the *u* changes to *ue*, but other verbs change *e* to *ie* or *o* to *ue* in every form of the verb except the nosotros and vosotros forms. Use the shape of the boot to help you remember where the verb changes!

QUERER (e–ie) *to want*

quiero	queremos
quieres	queréis
quiere	**qu**ieren

PODER (o–ue) *to be able to*

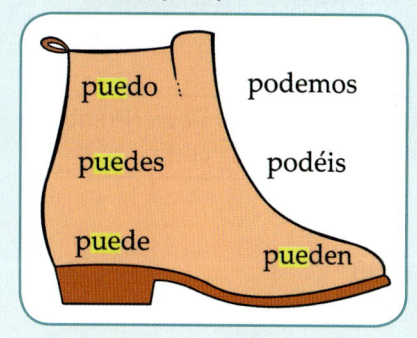

puedo	podemos
puedes	podéis
puede	**p**ueden

❗ SOLER (o–ue) *to usually do something* is always followed by an infinitive.

- Ejemplos:
    - **Suelo ir** al cine   *I usually go to the cinema*
    - **Solemos jugar** al tenis   *We usually play tennis*

💡 Verbos que cambian de raíz

soler (o–ue) *to usually do something**

poder (o–ue) *to be able to**

costar (o–ue) *to cost*

dormir (o–ue) *to sleep*

volver (o–ue) *to return*

cerrar (e–ie) *to close*

empezar (e–ie) *to begin*

entender (e–ie) *to understand*

pensar (e–ie) *to think*

perder (e–ie) *to lose*

preferir (e–ie) *to prefer**

querer (e–ie) *to want**

Ejemplos:

- Las clases emp*ie*zan a las nueve.
- El libro c*ue*sta seis euros.
- Qu*ie*re una pizza.
- Yo no p*ue*do ir a la fiesta.

* When these verbs are followed by another verb, the second verb must be in the infinitive form:

– Yo prefiero jugar al fútbol.

📖 Página 15

Rellena los verbos QUERER, JUGAR, VOLVER y PODER en tu diario de aprendizaje. Fill in the verbs QUERER, JUGAR, VOLVER and PODER in your learning diary.

> 🖥 Watch the slideshow for PowerPoint 10(b) on stem-changing verbs.

📖 Página 98

10.2 (D) Rellena las botas con los verbos en tu diario de aprendizaje. Fill in the boots with the verbs in your learning diary.

¿Qué Pasa? 1

222 doscientos veintidós

Unidad 10 ¡Aprender español es coser y cantar!

10.2 (E) Rellena los espacios con la forma correcta del verbo entre paréntesis. Fill in the blanks with the correct form of the verbs in brackets.

(a) Yo *juego* (jugar) al golf.
(b) Las clases _____ (empezar) a las nueve.
(c) Nosotros _____ (poder) ir al cine mañana.
(d) ¿Tú _____ (volver) en julio?
(e) Ella _____ (preferir) el fútbol.
(f) ¿Vosotros _____ (querer) jugar al hockey?
(g) Ellos _____ (dormir) hasta las seis.
(h) Yo _____ (soler) jugar con videojuegos.
(i) Carmen y yo _____ (pensar) ir a la discoteca.
(j) Él _____ (perder) el partido de tenis.
(k) Nosotros _____ (soler) tocar el piano los jueves.
(l) ¿Tú _____ (cerrar) la ventana?

Página 99

10.2 (F) ¡Vamos a hablar! Prepara tus respuestas en tu diario de aprendizaje. Prepare your responses in your learning diary.

10.2 (G) Entrevista a tu compañero/a. Habla con tu compañero/a de clase. Pregúntale sobre sus pasatiempos. Interview your partner. Film your interviews with a smartphone or tablet. In groups of four, watch your interviews to correct each other's work. Identify two common mistakes and two questions everybody found easy to answer.

1. ¿Qué haces en tu tiempo libre?
2. ¿Practicas algún deporte? ¿Cuándo?
3. ¿Tocas algún instrumento?
4. ¿Te gusta la música? ¿Qué tipo de música te gusta?
5. ¿Tienes un grupo o cantante favorito?
6. ¿Vas a discotecas con tus amigos? ¿Cuándo?
7. ¿Te gustan los videojuegos? ¿Cuál es tu favorito?
8. ¿Vas mucho al cine?
9. ¿Qué tipo de películas te gustan?
10. ¿Te gusta ver la televisión?
11. ¿Cuál es tu programa favorito?
12. ¿Lees mucho? ¿Tienes algún libro preferido?

doscientos veintitrés

¿Qué Pasa? 1

10.3 ¿Eres deportista?

> Mi familia es bastante deportista. Yo juego al fútbol, Rubén juega al tenis, mi hermana Susana hace natación y mis padres juegan al pádel.

Joaquín dice que sus padres juegan al pádel. El pádel es un deporte muy popular en España, México y Argentina. Es un deporte como el tenis.

Página 100

10.3 (A) Busca información sobre el pádel en Internet y rellena la información en tu diario de aprendizaje. Look up **pádel** on the internet and fill in the information in your learning diary.

Joaquín dice que Rubén *juega* al tenis pero Susana *hace* natación. Usamos el verbo JUGAR con juegos, pero usamos el verbo HACER con los deportes individuales. Se usa el verbo PRACTICAR con los deportes también, por ejemplo, *practico* golf, *practico* kárate.

doscientos veinticuatro

10.3 (B) Une el vocabulario a las imágenes. Match the vocabulary to the images.

el ciclismo   la gimnasia   el buceo   el esquí   la equitación
el footing   la natación   el surf   la vela   el atletismo   el kárate

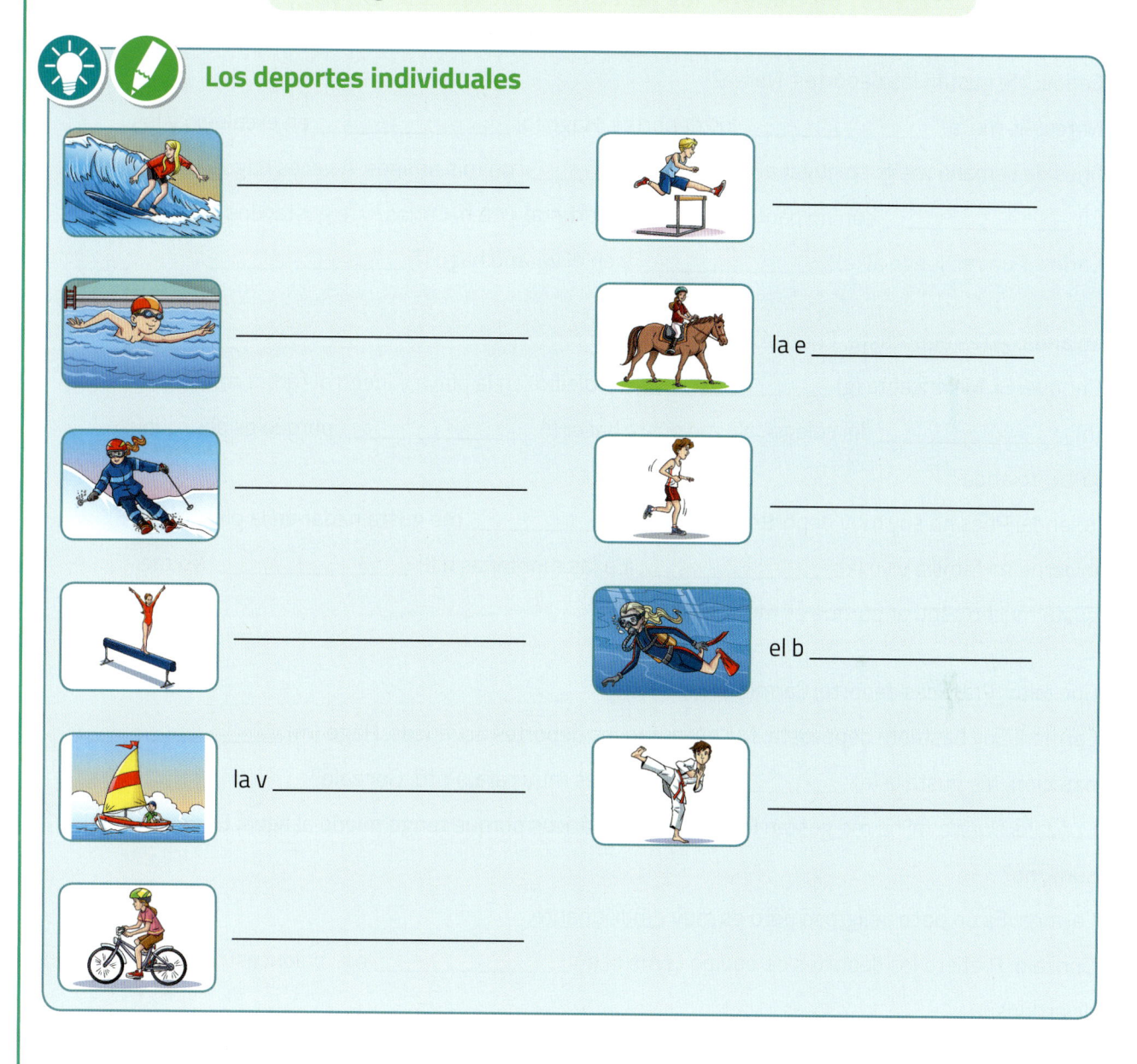

Los deportes individuales

_____

_____

la e _____

_____

_____

_____

el b _____

la v _____

_____

_____

¿Qué Pasa? 1

10.3 (C) ¿Practicas deporte? Escucha tres diálogos y rellena los espacios en blanco. Después, busca en el diccionario las palabras subrayadas. Do you play sport? Listen to three dialogues and fill in the blanks. Then look up the underlined words in your dictionary.

Carlos: ¿Te gustan los deportes, Nerea?

Nerea: Sí, me (a) _____ los deportes. Hago (b) _____ en el colegio y los fines de semana me gusta jugar al (c) _____ con mis amigos. A veces hago (d) _____ con mi padre. ¡Soy muy deportista! ¿Y a ti, Carlos? ¿Te gustan los deportes?

Carlos: Pues sí. Juego al (e) _____ y en el verano hago (f) _____.

Yolanda: ¿Eres deportista, Enrique?

Enrique: Sí. Me encanta (g) _____ al voleibol en la playa y juego al fútbol con el (h) _____ del colegio. No me gusta hacer (i) _____ porque es aburrido. ¿Y tú, Yolanda?

Yolanda: Pues no soy muy deportista. En (j) _____ me gusta nadar en la piscina. En invierno mi familia y yo (k) _____ ir a las montañas a (l) _____. No me gusta mucho esquiar porque es muy difícil.

Gonzalo: ¿Practicas deporte, Carmen?

Carmen: Soy bastante deportista. Me encantan los deportes acuáticos. Hago (m) _____ y natación. Me gusta la (n) _____ pero es muy cara. ¿Y tú, Gonzalo?

Gonzalo: Pues a mí no me gustan los deportes acuáticos porque tengo miedo al agua. Es peligroso el surf, ¿no?

Carmen: Es un poco peligroso pero es muy emocionante.

Gonzalo: Prefiero los deportes de equipo como el (ñ) _____ o el baloncesto. Son más divertidos.

Unidad 10 ¡Aprender español es coser y cantar!

10.3 (D) ¿Qué deporte es? Rellena los deportes. What sport is it? Fill in the sports.

el esquí   el voleibol   el fútbol   el boxeo   la vela   el tenis   la natación

LUGAR	DEPORTE	EQUIPAMIENTO
el estadio		el balón
la playa		la red
la cancha		la pelota
el mar		el barco
la piscina		el traje de baño
el polideportivo		los guantes
la montaña		el casco

doscientos veintisiete   **227**

¿Qué Pasa? 1

Completa las frases con una palabra de la tabla de la página 227. Complete the sentences with a word from the table on page 227.

(a) Voy a los partidos de fútbol al _____.

(b) Para boxear necesito los _____.

(c) Me encanta jugar al voleibol en la _____.

(d) Es importante llevar un _____ cuando esquías.

(e) Vamos a la _____ para esquiar.

(f) Prefiero nadar en la _____ que en el mar.

(g) Para jugar al tenis necesitamos dos raquetas y una _____.

(h) Tenemos dos _____ de tenis en nuestro colegio.

(i) Juego al baloncesto y hago kárate en un _____ del centro de la ciudad.

(j) Para jugar al voleibol necesitamos una _____.

10.3 (E) Pregunta a tres compañeros y rellena la tabla. Ask three classmates these questions and then fill in the table.

¿Cuál es tu deporte favorito?

¿Dónde practicas ese deporte?

¿Qué deporte te gusta ver?

¿Adónde vas para ver ese deporte?

NOMBRE	DEPORTE FAVORITO	DÓNDE PRACTICA ESE DEPORTE	DEPORTE QUE LE GUSTA VER	DÓNDE VE ESE DEPORTE

doscientos veintiocho

10.3 (F) Lee el folleto y contesta a las preguntas en inglés. Read the brochure and answer the questions in English.

ACTIVIDADES:
- Inglés
- Natación
- Baloncesto / Fútbol / Voley

ACTIVIDADES OPCIONALES:
- Judo
- Baile
- Waterpolo
- Dibujo

JULIO AGOSTO

CAMPUS de VERANO
CLUB NATACIÓN METROPOLE

Desayuno incluido y servicio de comedor

Niños 5 a 12 años

35005 Las Palmas de Gran Canaria • Tfno.: 913 64 11 11
informacion@campusdeverano.com

(a) In which city will this summer camp take place?

(b) During which months will it take place?

(c) What age group is the camp for?

(d) Name two sports you can do at the camp.

(e) Name one other activity on offer at the camp.

(f) What meal is included for children attending the camp?

(g) What language can children learn at the camp?

(h) Name two ways that you can get information about the camp.

10.3 (G) Trabaja en un grupo pequeño. Haz un folleto electrónico para un campamento de verano. Work in a small group. Make an electronic brochure for a summer camp. Include the dates, city, sports and activities, email address and some images.

10.3 (H) Lee el texto y contesta a las preguntas. Read the text and answer the questions.

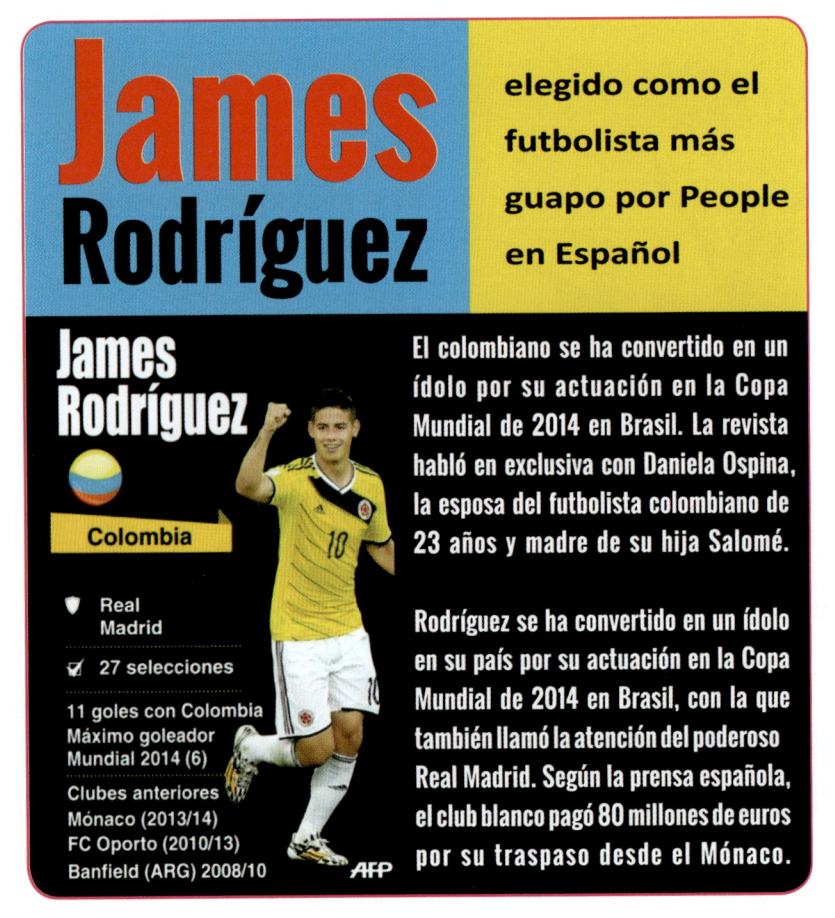

James Rodríguez — elegido como el futbolista más guapo por People en Español

James Rodríguez
Colombia
- Real Madrid
- 27 selecciones
- 11 goles con Colombia
- Máximo goleador Mundial 2014 (6)
- Clubes anteriores
  Mónaco (2013/14)
  FC Oporto (2010/13)
  Banfield (ARG) 2008/10

El colombiano se ha convertido en un ídolo por su actuación en la Copa Mundial de 2014 en Brasil. La revista habló en exclusiva con Daniela Ospina, la esposa del futbolista colombiano de 23 años y madre de su hija Salomé.

Rodríguez se ha convertido en un ídolo en su país por su actuación en la Copa Mundial de 2014 en Brasil, con la que también llamó la atención del poderoso Real Madrid. Según la prensa española, el club blanco pagó 80 millones de euros por su traspaso desde el Mónaco.

Contesta en español con frases completas. Answer in Spanish with full sentences.

(a) ¿Qué deporte practica James Rodríguez?
(b) ¿Cómo se llama su esposa?
(c) ¿Quién es Salomé?
(d) ¿Qué cantidad de dinero pagó el Real Madrid por Rodríguez?

Contesta en inglés. Answer in English.

(a) When did James Rodríguez become an idol?
(b) Which club did he play for before Real Madrid?
(c) According to *People en Español* magazine, what was he recently voted?
(d) Which club did he play for from 2010 to 2013?

10.4 ¡Me encanta la música!

A mi hermana Susana le encanta la música pop. Su cantante favorito es Abraham Mateo.

10.4 (A) Busca la canción *Vuelve conmigo* de Abraham Mateo en Internet y rellena los espacios con las palabras que faltan. Search online for the song *Vuelve conmigo* by Abraham Mateo and fill in the blanks with the missing lyrics.

Vuelve conmigo

Lo que a mí me pasa es una cama desecha
Una camisa arrugada y un (1)_____
Un (2)_____ que ya no suena
Un email que espero y que no llega
Y una (3)_____ triste junto al radiador
Lo que a mí me pasa eres tu
Porque ahora mi vida es un blues
Solo tú me (4)_____ salvar
Vuelve conmigo, hoy mejor que (5)_____
A pintarme la lluvia, a cambiarme la cara
Vuelve conmigo a encender la bombilla
Que mi vida se apaga, que mi vida se apaga
Lo que a mí me pasa es mirar por la (6)_____
A las (7)_____ de la (8)_____ y esperar
Madrugadas que son un infierno
Una manta grande en el (9)_____
Y una planta rara que se morirá
Lo que a mí me pasa eres tu
Porque ahora mi vida es un blues
Solo tú me (10)_____ salvar
Vuelve conmigo, hoy mejor que (11)_____
A pintarme la lluvia, a cambiarme la cara
Vuelve conmigo a encender la bombilla
Que mi vida se apaga, que mi vida se apaga
Vuelve conmigo que de mí no me fío
A cogerme la mano, a quitarme este frío
Vuelve conmigo que sin ti no (12)_____ nada
Porque yo te lo pido vuelve conmigo

© Abraham Mateo/ EMI Music Spain

¿Qué Pasa? 1

10.4 (B) Trabaja en un grupo de cuatro personas. Busca en Internet una canción española que os guste. Ponédsela al resto de la clase. Work in a group of four. Find a Spanish song online that you all like. Play your song for the class.

Página 101

10.4 (C) Busca información sobre un grupo español o hispanoamericano y rellena la información en tu diario de aprendizaje. Research a Spanish or Spanish-American group and fill in the information in your learning diary.

Ricky Martin    Shakira    Enrique Iglesias

232   doscientos treinta y dos

Unidad 10 ¡Aprender español es coser y cantar!

Student CD Track 72

10.4 (D) Escucha y rellena la tabla. Listen and fill in the chart.

(a)	Nombre de la escuela	
(b)	Cinco instrumentos que se pueden aprender en la escuela	
(c)	Otras actividades	
(d)	Dirección de la escuela	
(e)	Número de teléfono	
(f)	El sitio web de la escuela	

doscientos treinta y tres **233**

10.4 (E) Michael describe a su cantante favorito. Michael describes his favourite singer.

MI CANTANTE FAVORITA ES ADELE

Compártelo en: 👍 Me gusta 60   Compartit   G+1 < 0   🐦 Twittear

Mi cantante favorita es Adele. Se llama Adele Laurie Blue Adkins. Su cumpleaños es el cinco de mayo. Es de Londres, así que es inglesa. ¡Le encanta la música! Toca la guitarra y el piano.

Tiene tres álbumes, se titulan 19, 21 y 25. Escribe todas sus canciones. Mi canción favorita se titula Hello.

Adele es muy famosa. En mi opinón es una cantante fantástica.

Página 102

10.4 (F) Escribe un blog sobre tu grupo o cantante favorito. Write a blog about your favourite group or singer.

10.4 (G) Lee el texto y contesta a las preguntas. Read the text and answer the questions.

¡LITTLE MIX, EN ESPAÑA!

Compártelo en: 👍 Me gusta 60   Compartir   G+1 0   🐦 Twittear

Menudo notición, <u>Little Mix</u> acaban de anunciar su tour europeo y tenemos que decirte ¡que habrá una parada en España! Concretamente dos porque darán un concierto en Madrid y otro en Barcelona ¡qué pasada!

Como puedes ver somos afortunados porque en los demás países solo tienen una fecha. A ellas les encanta España, por eso quieren disfrutar un poco de todos sus mixers españoles. ¿Cuándo puedes hacerte con las entradas? ¡Muy fácil!

Este mismo viernes saldrán a la venta a las 10 de la mañana en Live Nation. Para los que seáis menores de 16 años tenéis que saber que tendréis que ir acompañados por un adulto, así lo anuncian. ¡Mira, mira! Todavía faltan cuatro meses para que lleguen pero nosotras ya estamos de los nervios.

¿Nos veremos en sus conciertos? ¡Seguro que sí!

Contesta en español. Answer in Spanish.

(a) ¿Cuántos conciertos darán Little Mix en España?

(b) ¿En qué ciudades darán los conciertos?

(c) ¿Qué día y a qué hora empiezan a vender las entradas?

(d) ¿Los niños menores de 16 años pueden ir al concierto? ¿Cómo?

10.5 ¿Quieres venir al cine?

> Oye María, ¿quieres venir al cine esta tarde conmigo?
>
> Sí. ¿A qué hora quedamos?
>
> Quedamos a las seis y media en la estación de metro. ¿Te parece bien?
>
> Perfecto. ¡Hasta luego!
>
> a2

Joaquín invita a María al cine. Mira su pregunta *¿Quieres venir al cine?*

10.5 (A) Las invitacones

?	✓	✗
¿Quieres venir al cine mañana?	¡Vale!	Hoy no puedo.
¿Te gustaría ir al cine mañana?	¡Perfecto!	Lo siento, no puedo ir.
¿Vamos al cine mañana?	¡De acuerdo!	Tengo que estudiar esta tarde.
¿Quedamos mañana a las nueve para ir al cine?	¡Sí, por supuesto!	No me apetece ir.

10.5 (B) Une las preguntas a las respuestas. Match the questions to the answers.

(a) ¿Quieres venir al partido del Real Madrid contra el Sevilla?
(b) ¿A qué hora quedamos esta tarde?
(c) ¿Te gustaría ir al cine mañana?
(d) ¿Te gustaría venir a cenar a mi casa?
(e) ¿Quedamos a las nueve?
(f) ¿Dónde quedamos?

1. A las siete y media.
2. Sí, tengo mucha hambre.
3. Quedamos delante del estadio Bernabéu.
4. No gracias. No me interesa el fútbol.
5. No me apetece ir porque no me gusta ver películas.
6. Perfecto. ¡Hasta luego!

10.5 (C) Pon los diálogos en el orden correcto y escríbelos en tu cuaderno.
Put the dialogues in the right order and write them in your copy.

1.
- Porque tengo que estudiar.
- Lo siento. No puedo ir.
- ¿Por qué?
- ¿Quieres ir al concierto de Malú este viernes?

2.
- ¡Sí, por supuesto! Me encantan las fiestas.
- Quedamos en el Café Central.
- ¿Quedamos a las nueve y media?
- Perfecto. ¿Dónde quedamos?
- ¿Quieres ir a una fiesta este sábado?
- Vale. Hasta el sábado.

10.5 (D) Imagina que Joaquín te invita a un partido. Escribe un diálogo corto. Imagine Joaquín has invited you to a match. Write a short role play (Where is the match? When is it? What time is it on?).

10.5 (E) Practica tu diálogo con tu compañero/a. Practise your role play with your partner.

10.5 (F) Joaquín, Michael y María van al cine. Mira la cartelera de películas del cine Kinépolis de Madrid. Joaquín, Michael and María are going to the cinema. Look at the cinema listings for Kinépolis in Madrid.

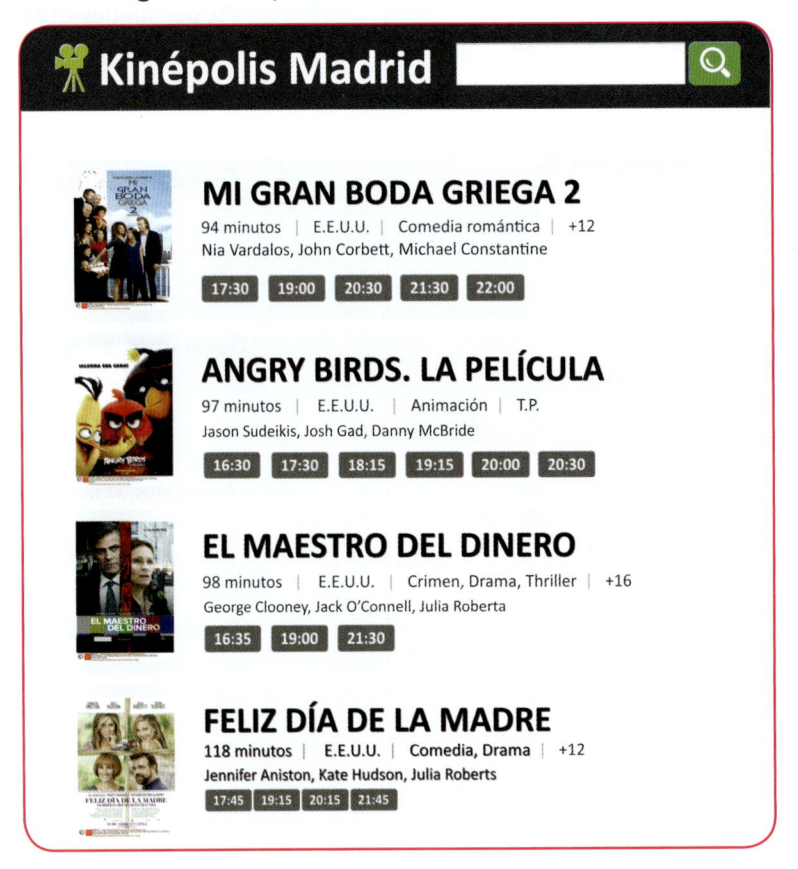

Kinépolis Madrid

MI GRAN BODA GRIEGA 2
94 minutos | E.E.U.U. | Comedia romántica | +12
Nia Vardalos, John Corbett, Michael Constantine
17:30 19:00 20:30 21:30 22:00

ANGRY BIRDS. LA PELÍCULA
97 minutos | E.E.U.U. | Animación | T.P.
Jason Sudeikis, Josh Gad, Danny McBride
16:30 17:30 18:15 19:15 20:00 20:30

EL MAESTRO DEL DINERO
98 minutos | E.E.U.U. | Crimen, Drama, Thriller | +16
George Clooney, Jack O'Connell, Julia Roberta
16:35 19:00 21:30

FELIZ DÍA DE LA MADRE
118 minutos | E.E.U.U. | Comedia, Drama | +12
Jennifer Aniston, Kate Hudson, Julia Roberts
17:45 19:15 20:15 21:45

Contesta en español. Answer in Spanish.

(a) ¿En qué película actúa George Clooney?
(b) ¿Qué tipo de película es *Angry Birds*?
(c) ¿Cómo se llaman los actores principales de *Mi gran boda griega 2*?
(d) ¿En qué película actúan Jennifer Aniston y Kate Hudson?
(e) ¿Qué tipo de película es *El maestro del dinero*?
(f) ¿Cómo se titulan las dos comedias?
(g) ¿A qué horas ponen la película *El maestro del dinero*?
(h) ¿Cuánto dura la película *Feliz día de la madre*?

! TP significa que la película es apta para Todos los Públicos.

¿Qué tipo de película es?
una comedia
un documental
un drama
un musical
una película de acción
una película de animación
una película de ciencia ficción
una película de guerra
una película de suspense
una película de terror
una comedia romántica

Unidad 10 ¡Aprender español es coser y cantar!

10.6 ¿Chateamos?

10.6 (A) El ciberlenguaje

Para escribir en Internet o escribir mensajes digitales los españoles suelen usar el lenguaje chat. El lenguaje chat, o ciberlenguaje, usa palabras reducidas y emoticonos. Mira el tuit de la cantante famosa Malú.

Malú usa la palabra *q*. ¿Qué quiere decir *q*? Es un ejemplo del *ciberlenguaje*. Se usa el ciberlenguaje para escribir mensajes SMS, en la mensajería instantánea, en los tuits y en los blogs.

You have already seen some examples of *el ciberlenguaje* in the messages from Joaquín and his friends.

Malú — @_MaluOficial_
Barcelona!! Una vez más graciaaaas!! Una noche inolvidable como todas las q me regalas!! ❤️❤️
❤️ #TourCaosBarcelona

RETWEETS 1,613 LIKES 3,567
209   1.6K   3.6K

©Twitter/_MaluOficial_

Mamá — miércoles
Gracias hijo. TQM
09:55
(página 200)

#FBF #VeranoSound #bailar #cantar #descansar #amigosxa100pre
(página 87)

María en línea — HOY
a2 😊 11:23
(página 236)

doscientos treinta y nueve **239**

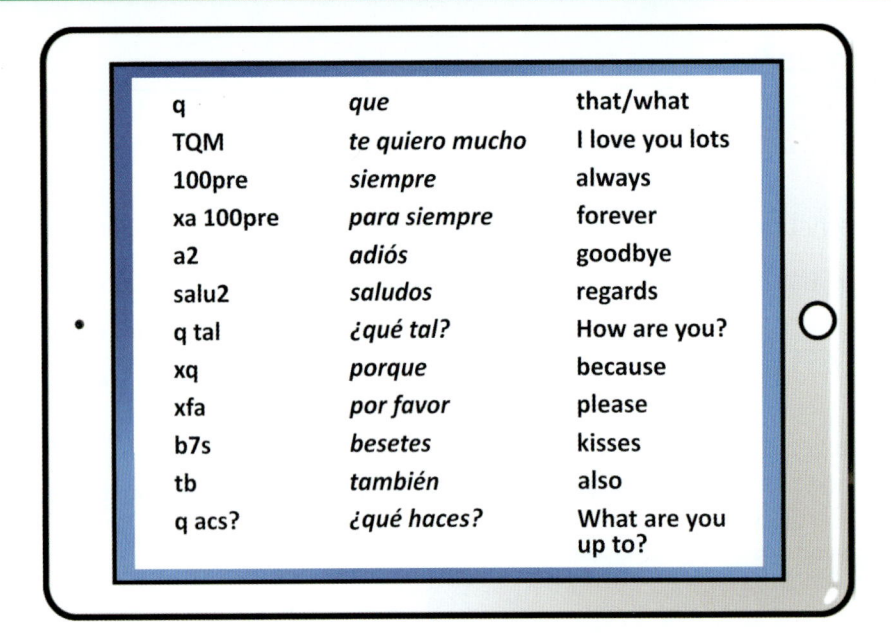

q	que	that/what
TQM	te quiero mucho	I love you lots
100pre	siempre	always
xa 100pre	para siempre	forever
a2	adiós	goodbye
salu2	saludos	regards
q tal	¿qué tal?	How are you?
xq	porque	because
xfa	por favor	please
b7s	besetes	kisses
tb	también	also
q acs?	¿qué haces?	What are you up to?

Página 102

10.6 (B) Rellena un tuit en tu diario de aprendizaje. Fill in a tweet in your learning diary.

10.7 ¡Practicamos!

Student CD
Tracks 73–75

10.7 (A) Escucha las tres conversaciones y contesta a las preguntas en inglés.
Listen to the three conversations and answer the questions in English.

1.
   (a) What type of film do both of the girls like?
   (b) Who is acting in the film they choose?
   (c) What time does the film start?
   (d) Where and when will they meet?

2.
   (a) Who bought the tickets to the match?
   (b) Where will the match take place?
   (c) What day is the match on?
   (d) What time will the boys meet?

3.
   (a) What activity does Iván suggest for this afternoon?
   (b) Why can Pilar not play this afternoon?
   (c) Why can she not play tomorrow afternoon?
   (d) When do they decide to play?

Unidad 10 ¡Aprender español es coser y cantar!

10.7 (B) Pregunta a cinco compañeros y rellena la tabla. Ask five classmates the following questions and fill in the chart.

¿Qué tipo de música te gusta?

¿Tocas algún instrumento?

¿Tienes un grupo o cantante favorito?

¿Qué tipo de películas te gustan?

¿Tienes algún actor o actriz favorito/a?

NOMBRE	TIPO DE MÚSICA QUE LE GUSTA	INSTRUMENTO QUE TOCA	GRUPO O CANTANTE FAVORITO	TIPO DE PELÍCULAS QUE LE GUSTAN	ACTOR O ACTRIZ FAVORITO/A

10.7 (C) Lee el anuncio y contesta a las preguntas en español. Read the advertisement and answer the questions in Spanish.

MALÚ TOUR CAOS

PRÓXIMAS FECHAS CONFIRMADAS

15 julio MÁLAGA | 24 julio BARREIROS (LUGO) | 29 julio ALGECIRAS (CÁDIZ)
03 agosto FESTIVAL CAP ROIG | 05 agosto VIGO | 06 agosto A CORUÑA
08 agosto MARBELLA (MÁLAGA) | 10 agosto CAMBRILS (TARRAGONA)
13 agosto BENIDORM (ALICANTE) | 14 agosto LOS ALCÁZARES
18 agosto PTO. DE SANTA MARÍA (CÁDIZ) | 20 agosto ALMERÍA
27 agosto P. MALLORCA | 08 septiembre UTIEL (VALENCIA)
09 septiembre VILLARRUBIA DE LOS OJOS | 10 septiembre ÚBEDA (JAÉN)
16 septiembre PAMPLONA | 23 septiembre SEVILLA | 24 septiembre CÓRBOBA
30 septiembre GRANADA | 01 octubre MURCIA | 08 octubre VALLADOLID
14 octubre TOLEDO | 17 diciembre MADRID | 23 diciembre BARCELONA

©2017 Sony Music Entertainment España, S.L./Malú

(a) ¿En qué fecha es el concierto de Malú en Pamplona?

(b) ¿En qué fecha es el concierto de Malú en Marbella?

(c) ¿Dónde es el concierto de Malú del cinco de agosto?

(d) ¿En qué fecha toca en Sevilla?

(e) ¿En qué ciudad empieza su tour?

(f) ¿Dónde toca el catorce de octubre?

doscientos cuarenta y uno

10.7 (D) Rellena los espacios con la forma correcta del verbo entre paréntesis.
Fill in the blanks with the correct form of the verb in brackets.

1: LOS VERBOS REGULARES

(a) Mis padres _____ (hablar) francés.

(b) Yo _____ (comer) mucha fruta.

(c) Nosotros _____ (vivir) en Santiago de Compostela.

(d) Irene _____ (tomar) un café todas las mañanas.

(e) ¿Vosotros _____ (beber) té?

(f) ¿Tú _____ (tocar) la guitarra?

(g) Yo _____ (cantar) en un coro.

(h) Sergio _____ (leer) novelas en su tiempo libre.

(i) Las chicas _____ (escribir) cartas a Joaquín.

(j) ¿Tú _____ (comprar) revistas?

2: LOS VERBOS IRREGULARES

(a) ¿Vosotros _____ (tener) sed?

(b) Yo _____ (hacer) footing con Paco.

(c) Ellas _____ (estar) de vacaciones.

(d) ¿Tú _____ (ver) mucho la tele?

(e) Nosotras _____ (ser) muy deportistas.

(f) ¿Daniela _____ (venir) a la fiesta?

(g) Yo _____ (salir) los sábados por la noche.

(h) Juan y Jorge _____ (ir) al polideportivo.

(i) ¿Tú _____ (hacer) atletismo?

(j) Mis amigos _____ (salir) mucho.

3: LOS VERBOS QUE CAMBIAN DE RAÍZ

(a) Pilar _____ (jugar) al fútbol.

(b) ¿Vosotros _____ (poder) venir a la fiesta?

(c) Yo _____ (soler) jugar al tenis los domingos.

(d) Nosotros _____ (querer) ir al cine.

(e) ¿Tú _____ (querer) venir al partido?

(f) Ella no _____ (poder) salir esta noche.

(g) Ignacio _____ (preferir) las películas de acción.

(h) ¿Tú qué _____ (pensar) de la nueva película de Johnny Depp?

(i) Nosotras _____ (soler) ver la tele.

(j) Yo _____ (jugar) al golf.

Unidad 10 ¡Aprender español es coser y cantar!

10.7 (E) Une las frases a las imágenes. Match the sentences to the images.

(a) Canto en un coro.

(b) Mi pasatiempo preferido es la vela.

(c) Me meto en Facebook.

(d) Toco la flauta en una orquesta.

(e) Me encanta esquiar.

(f) Hago footing los jueves.

Página 103

10.7 (F) Escribe un correo electrónico a Lucía en tu diario de aprendizaje. Describe tus pasatiempos y todo lo que haces en tu tiempo libre. Write an email to Lucía in your learning diary. Describe your hobbies and what you do in your free time.

10.7 (G) Haz una presentación sobre tus pasatiempos para tus compañeros de clase. Make a presentation about your hobbies to your classmates.

- ¿Practicas deportes? ¿Cuáles? ¿Cuándo entrenas? ¿Dónde entrenas: en un club o con un equipo?
- ¿Tocas algún instrumento? ¿Tocas con una orquesta o grupo? ¿Qué tipo de música te interesa? ¿Cantas?
- ¿Te gusta ir al cine? ¿Qué tipo de películas te gusta? ¿Cuántas veces al mes vas al cine?

¿Qué Pasa? 1

Unidad 10 ¡Ponte a prueba!

Página 107

Watch the video for Unidad 10.

Ordena tus conocimientos de la unidad 10 y ponte a prueba en tu diario de aprendizaje. In your learning diary, sort your learning from Unit 10 and test yourself to see what you have learned.

¿Qué has aprendido en la unidad 10?

	🙂	😐	☹️
I can describe my hobbies and pastimes			
I can ask someone about what they do in their free time			
I can identify a number of sports and leisure activities			
I can write tweets in Spanish			
I understand and can use stem-changing verbs			

doscientos cuarenta y cuatro

Mis apuntes

Mis apuntes

Mis apuntes

Mis apuntes